唐博士讲心理
TANGBOSHI
JIANGXINLI

# 心理危机的 识别与干预

唐海波 唐睿奇 ⓒ 编著

中南大学出版社
www.csupress.com.cn
·长沙·

# 前言

在我国，有16%~17%的人饱受各类心理问题的困扰，尤其是2020年新型冠状病毒肺炎疫情的暴发，给人们的生命安全和身体健康带来了威胁，对心理造成了影响，部分人由于抗压能力和心理素质较差，会产生各种心理应激反应，出现焦虑、恐慌、愤怒等心理问题。我国大学生的心理健康问题日益凸显，焦虑、抑郁、网络成瘾的人数不断增加，高校心理危机事件频发，危及学生的生命安全，引起了社会的广泛关注。大学生的心理健康问题关系每个家庭的幸福、国家的发展和民族的未来，因此加强大学生的心理健康教育、培养大学生健全人格已经成为一项刻不容缓的工作。

然而，由于我国高校的心理危机干预工作整体仍处于初级阶段，不管是心理危机干预的组织实施、专业技术的使用，还是人员队伍的建设、心理危机的应急储备等，都还不够成熟和完善。这就需要为高校工作者以及社会工作者编撰通俗易通、实操性强、适用于不同职业背景人员学习的应用指南。本书从亟待解决的问题出发，以问答的形式解答高校工作者在心理危机干预中出现的现实之惑，有利于促使其在实践中提高专业技能，提升高校心理危机干预的科学性、规范性、有效性，促进大学生思想道德素质、科学文化素质和身心健康素质的协调发展，助力大学生健康成长，营造和谐稳定的校园环境。

本书共分为六个章节。第一章对心理危机干预的相关概念，如心理危机干预的内涵、原则、类型、过程、最佳时机等理论知识进行了简单阐述。第二章对高校在心理健康普测、心理咨询、热线咨询、日常管理等不同场景中如何发现危机等进行了详细介绍。第三章是心理危机干预的技术，具体介绍了心理危机干预的目标人群、具体实施方法、技术要点和注意事项。针对自杀和抑郁症的干预这两种比较特殊的情况，第四章和第五章分别对大学生自杀和抑郁症的形成原因、干预流程和方法等进行了深刻阐释，为危机干预者提供参考。第六章在系统介绍素质应激模型内在构成要素的基础上，对心理素质与健康之间的关系、心理健康素质对于应激反应和应激行为的影响路径是什么等内容进行了完整梳理，为快速识别心理高危人群提供了具体指导。本书力图在保证内容的科学性、完整性的基础上，增强实用性和可操作性，以达到传播专业知识、介绍干预方法、推广先进经验的目的。最后，附上了《新型冠状病毒感染的肺炎疫情紧急心理危机干预指导原则》《湖北高校大学生心理危机干预及自杀预防实施方案(试行)》《某大学学生心理危机干预实施办法》供有需要的危机干预者借鉴和使用。

本书有三个突出特点。第一，内容完整，系统性强。本书理论与实践相结合，由浅入深，层层递进，建构起了系统完整的心理危机干预体系。从心理危机干预的概念、心理危机的表现出发，向读者呈现出心理危机的识别和干预技术，既能让读者根据相关特征和表现进行健康筛查，也能引导读者更加全面深刻地理解和运用心理危机干预体系。第二，适用范围广，可读性强。本书通篇采用问答的形式进行撰写，语言通俗易懂，简单实用，致力于用简单、朴素的语言对心理危机干预的专业理论进行系统阐释，将常见的心理问题与心理危机干预技巧整理出来，适合各类人群使用。第三，致力于解决实际问题，可操作性强。本书的重点内容在"识别"和"干预"这两个词，通过总结实践中的第一手资料，将表象化的经验归纳、总结为理论化的可操作的步骤、流程和方法，为危机干预

者提供简单有效、普遍适用、应用广泛的心理危机
干预策略和实施方法。

　　由于时间和水平有限,本书中存在的不当之
处,恳请广大读者、专家和同行批评指正,我们也
将不断加强对心理危机识别和干预技术的研究,
为促进我国心理健康事业的发展、建设健康中国
贡献绵薄之力。

**唐海波**

2021 年 5 月

# 目录
Contents

第一章

# 心理危机相关概念

# Q1.

## 什么是危机？

关于危机的定义有很多，这里列出六种：

（1）危机是当人们面对重要生活目标的阻碍时产生的一种状态。这里的阻碍，是指在一定时间内，使用常规的解决方法不能解决的问题。危机是一段时间正常生活的解体和混乱，在此期间可能有过多次失败的解决问题的尝试。

（2）危机是生活目标的阻碍所导致的，人们相信用常规的选择和行为无法克服这种阻碍。

（3）危机之所以是危机，是因为个体知道自己无法面对某种境遇并做出反应。

（4）危机是一些个人的困难和境遇，这些困难和境遇使得人们无能为力，不能有意识地主宰自己的生活。

（5）危机是一种正常生活的解体状态，在这种状态中，人们遭受重要生活目标的挫折，或其生活周期和应付刺激的方法遭到严重破坏。它指的是个人因某种破坏所产生的害怕、震惊、悲伤的感觉，而不是破坏本身。

（6）危机的发展有三个不同的时期：①出现了一个关键的境

遇，一个人的正常应付机制可能不能满足这一境遇的需要；②随着紧张和混乱程度的增加，这一境遇逐渐超越了个人的应付能力；③需要解决问题的额外资源(如咨询)。

# Q2.

## 什么是心理危机？

在《心理咨询大百科全书》中，心理危机的定义为：某些强大的刺激（包括生理性与心理性的）作用于人身，超过了人们所能忍受的程度，从而使个体面临身体或精神崩溃的边缘。如果是生理性刺激（包括生理性、理化性的），致人趋于躯体疾病的边缘，称为生理危机；如果是心理刺激，使人处于高度心理紧张状态，行将心理崩溃，称为心理危机。

《诊断学大辞典》指出，心理危机最早由 Lindemann（1944）提出，后由 Caplan（1964）加以补充和发展。它是指个体面临突然或重大生活事件时，既不能回避，也不能用通常解决问题的方法来解决时所出现的心理失衡状态。一般来说，危机的确定需符合下列三条标准：①存在具有重大心理影响的事件；②引起急性情绪扰乱或认知、躯体和行为等方面的显著改变，但又不符合任何精神障碍的诊断；③当事人或患者用平常解决问题的手段暂时不能应对或应对无效。

# Q3.

## 什么是心理危机干预?

　　《神经精神病学词典》指出,心理危机干预是一短暂的帮助过程,是从简单心理治疗基础上发展起来的,是对处于困境或遭受挫折的人予以帮助和关怀。心理危机干预是短程心理治疗,它与长程心理治疗共同之处是宣泄,但它不涉及人格塑造。心理危机干预属于支持性心理治疗,在操作技术上强调倾听,故又称倾听心理治疗。

# Q4.

## 心理危机干预的意义有哪些?

（1）防止过激行为，如自伤、自杀或攻击行为等。

（2）促进交流，鼓励当事人充分表达自己的思想和情感，鼓励其建立自信心和进行正确的自我评价，提供适当建议，促使问题解决。

（3）提供适当医疗帮助，处理昏厥、情感休克或激动状态。

# Q5.

## 心理危机干预的主要原则是什么?

(1)心理危机干预强调现有危机的立刻解决,应着眼于个体心理压力的减轻或解除,使其恢复危机前的原有功能,而不是个体的人格重建或特殊症状的解除。

(2)在干预中一般可以通过直接主动参与的方式来协助当事人,帮助个体通过有效的应对方式来克服困难,促进成长。

(3)突发性生活事件通常使个体突然丧失或降低解决问题的能力,这时内在的心理状态和外在的社会环境的相互作用容易使危机进一步加重,因此要兼顾个体内在心理和外在环境。

(4)心理危机干预是以现实为导向的,帮助个体澄清现实事件、自身感受,提高应对和解决自身问题的能力。危机干预者可以提供情绪上的支持,但不能给予错误的保证和安慰,更不能以救世主自居。

(5)如果可能的话,可以利用相关的机构或家庭、社会等支持系统来提供相应的协助。必要时,危机干预之后可以做进一步的咨询或治疗。

# Q6.

## 心理危机的主要类型有哪些？

心理危机的分类，有三种分法：二分法、三分法和四分法。

其中比较流行的是布拉默提出的三分法，即心理危机有发展性危机、境遇性危机和存在性危机三种情况。发展性危机是个人在正常的成长和发展过程中，急剧的变化或转变所产生的异常反应。境遇性危机是个人无法控制或预测的突发或超常事件，例如交通事故、自然灾害等。存在性危机是一些人生重要而根本问题（人生目的、意义、价值、责任等）的出现导致的个人内心的冲突和焦虑。

另外，有研究者认为，除了发展性危机、境遇性危机、存在性危机之外，还有内心危机，指潜意识中固有的某种心理问题的爆发。无论三分法还是四分法，都是根据危机的性质来划分的。

而有些研究者则根据危机刺激的来源，将危机分为两种情况：内源性危机和外源性危机。内源性危机实质上就是成长性危机；外源性危机又称环境性危机或适应性危机，是由外部事件引起的危机。

可见，三种分法都有相通之处。

# Q7.

## 心理危机的主要特点是什么？

### 1. 心理危机的主要特征

Gilliland 和 James 总结了心理危机的如下六个特征：

（1）危险与机遇并存，即危机既是危险的，而它带来的痛苦又会促使当事人去寻求帮助，也意味着机遇。

（2）症状复杂，即处于危机中的人会与社会环境紧密地联系在一起，出现的症状和问题也不是单纯某方面的，需要进行综合的干预。

（3）成长和变化的机缘，即面临危机时出现的焦虑和不安会成为个体寻求变化的动力。

（4）缺乏万能的或快速的解决办法，危机干预的任何措施都不是万能的，都需要一定的时间才能发挥作用。

（5）选择的必要性，处于危机之中往往意味着必须做出新的选择，或遇到了选择的困难，危机干预的过程就是一个设定目标、形成计划并努力去解决问题的过程。

（6）普遍性与特殊性，即危机不仅是不可避免的，而且对同一事件的反应有着显著的个体差异,因此任何人在面对严重的危机时,即使他有过心理创伤的经验,也可能会出现正常生活解体或混乱、心理失衡以及应对机能破坏等症状。

### 2.易陷入心理危机状态的个体的人格特征

容易陷入心理危机状态的个体的人格特征是:

(1)注意力明显缺乏,容易出现应付和处理问题不当现象。

(2)过分内省的人格倾向,遇到危机情境,总是联想到不良后果。

(3)情绪、情感不稳定,独立处理问题的能力差。

(4)解决问题时缺少尝试性,行为冲动,常出现无效的反应行为。

# Q8.

## 心理危机的过程有哪些?

### 1. 特斯特理论

特斯特(Tyhurst)从个体对应激的反应的角度,认为健康个体对严重应激事件的反应取决于人格、急性应激和社会环境三者的相互作用,心理危机是个体发展中的一种"过渡状态"。

他把心理危机进入过渡状态分为三个阶段:

(1)作用阶段。应激影响明显,个体产生异常的情绪或行为反应。

(2)退却阶段。应激性事件过去,个体产生依赖或幼稚的行为反应。

(3)创伤后阶段。个体察觉到自身的反应,开始关注今后的需要和计划,可以有效地利用自身或环境中的资源。

特斯特认为后面两个阶段是心理危机干预的积极阶段,即让个体学习新的知识和技能,学会如何应对和处理心理危机和逆境。

### 2. 卡帕兰的情绪危机模型

卡帕兰（Caplan）认为，个体与环境之间在一般情况下处于一种动态平衡状态，当面临困境或不能应对、解决问题时，往往会产生紧张、焦虑、抑郁、悲观、失望等情绪问题，导致心理失衡。而这种平衡是否能恢复取决于个体对应激事件的认识水平、社会支持和应付技巧。

在此基础上，斯万松（Swanson）和卡邦（Carbon）提出了一个比较全面的情绪危机发展模型：

（1）危机前的平衡状态。个体运用日常的应付技巧和解决问题的能力来保持与环境间的平衡。

（2）危机产生。其中包括在逆境面前不能应付所出现的情绪脆弱期和危机活动期。

（3）危机后平衡状态的变化。包括恢复到危机前水平、高于危机前水平或低于危机前水平。

### 3. 奥格拉瑞和麦斯克理论

奥格拉瑞（Aguilera）和麦斯克（Messick）强调平衡因子在心理危机干预中的影响。平衡因子是指当个体面临压力或危险事件时，可以帮助他恢复到原有平衡状态的因素，主要包括个人对应激事件的感受、可以利用的社会支持系统以及个人的应付能力等。这些因素甚至影响心理危机的产生，对我们进行心理危机干预具有重要的参考作用。

```
                          ┌──────────┐
                          │   个体   │
                          └────┬─────┘
                               │
                          ┌────▼─────┐
应激事件 ──────────────►  │ 平衡状态 │  ──────────────► 应激事件
                          └────┬─────┘
                               │
                          ┌────▼─────┐
                          │ 不平衡状态 │
                          └────┬─────┘
                               │
                ┌──────────────▼──────────────┐
                │  个体察觉到需要恢复平衡状态  │
                └──────────────┬──────────────┘
                               │
         ┌─────────────────────┴─────────────────────┐
         │                                            │
  (A)平衡因子存在                            (B)缺一个或多个平衡因子
         │                                            │
  ┌──────▼──────────┐                        ┌────────▼──────────┐
  │ * 真实地感受到应激事件 │                    │ 无法真实地感受到应激事件 │
  └──────┬──────────┘                        └────────┬──────────┘
  ┌──────▼──────────┐                        ┌────────▼──────────┐
  │ *   足够的支持    │                        │  没有足够的支持    │
  └──────┬──────────┘                        └────────┬──────────┘
  ┌──────▼──────────┐                        ┌────────▼──────────┐
  │ *  足够的调适机制  │                        │ 没有适当的调适机制  │
  └──────┬──────────┘                        └────────┬──────────┘
  ┌──────▼──────────┐                        ┌────────▼──────────┐
  │   问题得到解决    │                        │   问题没有解决    │
  └──────┬──────────┘                        └────────┬──────────┘
  ┌──────▼──────────┐                        ┌────────▼──────────┐
  │   重新获得平衡    │                        │  不平衡状态的持续  │
  └──────┬──────────┘                        └────────┬──────────┘
  ┌──────▼──────────┐                        ┌────────▼──────────┐
  │    没有危机      │                        │    危机产生      │
  └─────────────────┘                        └───────────────────┘
```

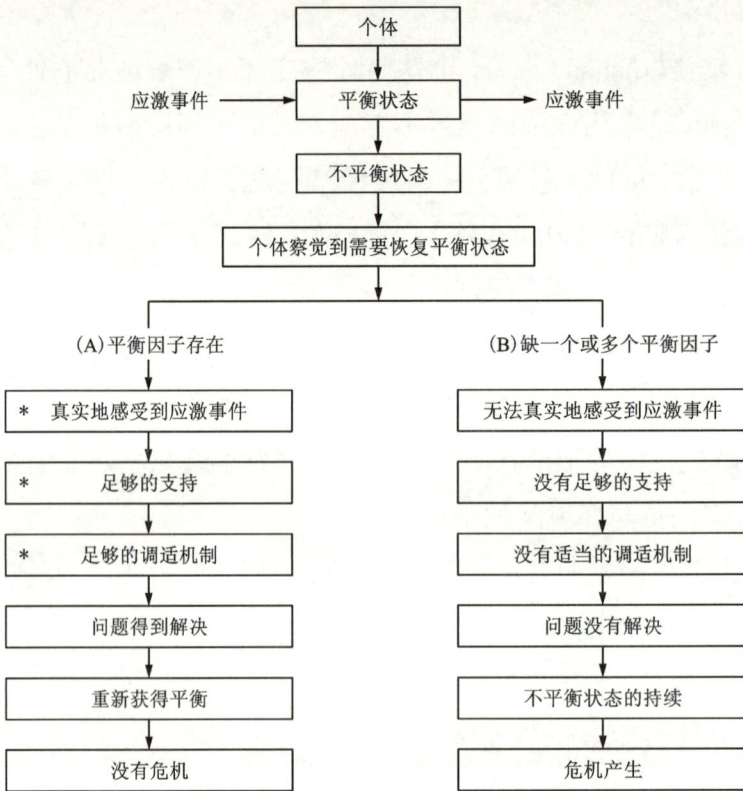

＊ 表示平衡因子

**平衡因子在应激事件中的影响 ( Aguilera & Messick, 1978 )**

# Q9.

## 心理危机干预的最佳时机是什么时候?

特斯特理论强调早期干预、即刻帮助以及和周围的人保持密切接触是最有效的干预。

心理危机是有时间限制的,通常会持续 6 到 8 周。心理危机干预的预后与危机事件发生后心理危机干预的即时性及有效性有关,这些因素决定了心理危机是否会成为一种慢性状态或出现某种疾病倾向。

在下列几种情况下心理危机干预的效果比较好:

(1)当事人人格稳定,并且所面临的是暂时性困难。

(2)当前的心理失衡与个体的某一生活事件密切相关。

(3)个体近期无力自行解决所面临的问题。

(4)个体求助动机明确并具备解决问题的潜能。

(5)个体尚未从适应不良的应对方式中获益。

(6)有较好的社会支持系统,包括家庭、朋友、同事、邻居以及其他经常与当事人发生沟通的人。

# Q10.

## 心理危机干预的管理有哪些注意事项？

### 1. 弗里德瑞克心理危机干预程序

弗里德瑞克(Frederic)提出了自杀的干预程序，包括十条具体的建议：

(1)倾听。处于心理危机中的人，迫切的需要就是有人能倾听他所传达出的信息。专业人员应努力去了解有自杀可能的人潜在的情感。

(2)对处于心理危机中的人的思想和情感进行评估。处于心理危机中的人在做出自杀行动之前，既可能表现得很平静，也可能表现得情绪激动。如果既处于明显的抑郁之中，又伴随着焦躁不安，这时出现自杀的危险性最大。

(3)接受所有的抱怨和情感。对处于心理危机中的人的任何抱怨都不能轻视或忽视，因为这可能对他们来说是非常严重的问题。

(4)直接面对心理危机。处于心理危机中的人一般比较喜欢直接问及自杀问题，并能公开对此进行讨论。根据经验，在适当的时候直接询问自杀问题并不会产生不良后果。但一般应在与处于心理危机中的人建立良好的协调关系后再询问这一问题。

（5）要特别注意那些很快"反悔"的人。处于心理危机中的人经常会因为讲出自杀的念头而感到轻松，并且容易错误地以为心理危机已过。然而问题往往会再次出现，这时的自杀防范工作就更为重要。

（6）做他们的辩护者。处于心理危机中的人，他们的生活需要有坚定具体的指导者。这时，治疗者要向他们传达这样的信息：他们所面临的问题已处于控制之中，并且治疗者会尽全力阻止当事人自杀。

（7）充分利用种种资源。每一个体既有内部资源（个人的、心理的），又有外部资源（环境的、家庭的、朋友的）。心理资源包括理性化、合理化以及对精神痛苦的领悟能力等。如果这些资源缺乏，问题就很严重。

（8）采取具体的行动。对一个处于心理危机中的人来说，如果感觉在咨询会谈中一无所获，会有一种挫折感。要让当事人了解治疗者已做好了必要的安排。

（9）及时与专家商讨和咨询。根据问题的严重程度，要及时与有关专家联系。任何事情都由一个人去处理是不明智的。

（10）绝不排斥或试图否认任何自杀念头的"合理性"。当有人谈到自杀时，绝不能把这一问题看作是"操纵性的"或并不是真的想自杀。对每一次报告，不管是真是假，都要当"真"来对待。

### 2. 希普尔心理危机干预十四个"不要"

希普尔（Hipple）提出了自杀管理中心必须注意十四个"不要"：

（1）不要对求助者进行责备和说教。

（2）不要对求助者的选择和行为提出批评。

（3）不要与其讨论自杀的是非对错。

（4）不要被求助者所告诉的危机已过去的话所误导。

（5）不要否定求助者的自杀意念。

（6）不要试图向令人震惊的结果挑战。

（7）不要让求助者一个人留下，不去观察他，不去与他联系。

（8）在紧急危机阶段，不要诊断、分析求助者的行为或对其进行解释。

（9）不要陷入被动。

（10）不要过急，要保持镇静。

（11）不要让求助者保守自杀危机的秘密而不把自杀想法说出来。

（12）不要因周围的人或事而转移目标。

（13）不要在其他人中，把过去或现在的自杀行为说成是光荣的、殉情的等。

（14）不要忘记追踪观察。

第二章

# 心理危机的识别技术

# Q11.

## 大学生心理危机出现的高峰时段是什么时候？

大学生的心理危机有其发生发展的特定规律：

首先，从季节上看：春夏交替时节是心理危机出现的高峰期。这一时期，气候多变，晴雨无常，昼夜温差较大，时暖时冷，日照时间日渐延长，空气湿度较大，气压较低，容易引起人体激素分泌紊乱，扰乱人们的生理功能。因气候等因素的变化导致的机体平衡失调，容易诱发心理机能紊乱。

其次，从学年阶段看：第一年，由入学适应不良、专业学习困惑、人际交往引发的心理问题较为常见；第二年至第三年，因学业压力、情感与恋爱、人际关系、自我发展引发的心理问题占多数；第四年，因就业压力、择业困扰、遭遇挫折引发的心理问题较多。

# Q12.

## 在高校，心理危机的高危易感人群有哪些?

在高校内，十二类人的心理状态值得特殊关注，包括：

(1)遭遇突发事件，如家庭发生重大变故、受到自然或社会意外刺激者。

(2)学习压力过大、学习困难者。

(3)个人感情受挫者。

(4)人际关系失调者。

(5)性格过于内向孤僻、社会交往很少、缺乏社会支持者。

(6)严重环境适应不良导致心理或行为异常者。

(7)家境贫困、经济负担重、自卑感强烈者。

(8)身体出现严重疾病，个人很痛苦，治疗周期长者。

(9)患有严重心理疾病者，如抑郁症、恐怖症、强迫症、癔症、焦虑症、精神分裂症等。

(10)正在服用精神类药物控制病情者以及曾患心理疾病休学、病情好转又复学者。

(11)身边同学出现个体危机状况者。

(12)转系、休学、降级或近期遭受处分者。

# Q13.

## 心理危机的主要表现有哪些？

产生心理危机时，常有以下心理和躯体反应：

（1）认知改变。当环境发生变化时，个体对环境的变化和自身的资源进行认知评价，随即出现对应激的反应，个体同时对反应的结果也进行认知评价。若反应结果对自身有利，则增强了个体的自信和自尊，对自己的评价会趋于正性，对环境变化也趋于正性评价，增进自己在未来生活中减少应激的信心；若结果不利，则会出现对自己和环境均趋于负性的评价，降低自信和自尊，降低个体在环境中克服困难的信心，倾向于将环境中的变化过多地评价为应激源。

（2）情绪改变。个体在应激中情绪的变化同样与个体对应激结果的预测和评价有密切的关系。成功地应对应激源常常给个体带来愉快和高兴的情绪体验。

焦虑是应激反应中最常出现的情绪反应，这种情绪指向于未来，有不确定感，是人预期将要发生危险或不良后果的事物时所表现的紧张、恐惧和担心等情绪状态。焦虑水平低则降低个体应对环境的能力，反应常常迟钝，做事效率不高；适度的焦虑可提高人的警觉水平，提高人对环境的适应和应对能力；焦虑过度，则个体应对环境变化的能力下降，且这种焦虑有泛化的危险，可能影响个体在面临环境变化时的有效应对。恐惧则是极度的焦虑反应，此时个体的意识、认知和行为均会发生改变，同时伴随着强烈的自主神经功能紊乱，行为的有效性几乎丧失。部分病人会导致焦虑性障碍。

抑郁常常是个体面临无法应对的困境和严重后果的情绪反应，抑郁的情绪常常使人产生无助和无望感，进一步影响个体对环境和自身的认知评价，消极的评价可反过来加重抑郁。一些病人的抑郁症与应激有明确关系。

愤怒是与挫折和威胁相关的情绪状态，并多伴有攻击性行为。由于目标受到阻碍，自尊心受到打击，为排除阻碍或恢复自尊，常可激起愤怒。

（3）行为改变。伴随应激的心理反应，机体在外表行为上也会发生改变，这些变化是机体对应激源的应对行为或是应对的结果。

成功的应对常增强个体在日后同样或相似的环境中解决问题的能力；失败的应对可能使个体出现消极的行为倾向，如逃避、回避、行为退化、依赖和无助状态等，也可出现精神活性物质的使用，还可能促发个体的敌对和攻击行为，有的个体则采取被动攻击，如自伤、自杀等。

# Q14.

## 高校如何在心理健康普测中发现危机？

大学生的心理健康普测是大学生心理健康教育工作的始端，对于了解和把握大学生的心理健康状况和特点十分重要。高校进行心理健康普测工作的目的一般而言有以下几种：一是筛选出可能有心理问题的学生，对其跟踪辅导，并建立心理健康档案，作为大学生心理危机干预体系的一部分；二是了解学生心理素质总体状况，有针对性地开展心理健康教育。心理健康普测涉及面广、覆盖面大，可以快速地帮助高校筛选出问题学生，方便对其进行有针对性的咨询，并进行长期的、积极的关心和帮助。

目前高校使用较多的量表主要有以下三类：

（1）人格测验，如《卡特尔16种人格因素量表》（16PF）、《明尼苏达多相人格问卷》（MMPI）、《艾森克人格问卷》（EPQ）、《Y-G人格问卷》（YG）。

（2）心理健康测验，如《90项症状自评量表》（SCL-90）、《大学生人格健康调查问卷》（UPI）、《心理健康调查表》（PHI）、《抑郁自评量表》（SDS）、《焦虑自评量表)（SAS）以及教育部制定的《中国大学生心理健康量表》等。

（3）其他测验，如《霍兰德职业倾向测试量表》、《迈尔斯-布里格斯职业性格测试》（MBTI）、《瑞文智力测验》、《人际关系量表》、《社会适应量表》、《简明精神病评定量表》（BPRS）等。

另外，在当前高校新生心理测试中还会用到投射测验，它与前面所提到的各种量表不同，不是采用自陈式问卷，而是要求被试对一些模棱两可或模糊不清、结构不明确的刺激作出描述或反应，通过对这些反应的分析来推断其心理特点，如《房树人测验》（HTP）等。

# Q15.

## 心理咨询如何发现危机？

心理咨询指心理学专家通过语言、文字等媒介，给咨询对象（即来访者）以帮助、启发和教育的过程，即通过人际关系，运用心理学方法，帮助咨询对象自强自立的过程。心理咨询可以使咨询对象的认识、情感和态度有所变化，解决其在学习、工作、生活、疾病和康复等方面出现的心理问题，从而更好地适应环境，保持身心健康。

心理咨询的内容可以包括以下三方面：

（1）心理疾病咨询。帮助有心理障碍、心理疾病的咨询对象挖掘病源、提供对策、消除危机、解除疑虑。

（2）情绪障碍咨询。为咨询对象由于学习、工作、人际关系、性爱、个性、情绪等方面的适应不良而出现烦恼、忧虑、困惑等提供帮助。

（3）心理发展咨询。帮助咨询对象增强自我认识能力、社会适应能力和发展能力，提高心理素质，挖掘自身潜力，促进全面发展。

然而，相当一部分人往往把心理咨询内容理解为关于心理疾病、情绪障碍的咨询，从而把接受心理咨询的人统统视为有心理障碍的人，这是一种误解。对此，美国《哲学百科全书》认为，咨询心理学有以下几个方面的重要特征：①主要着重于正常人；②对人的一生提供有效的帮助；③强调个人的力量和价值；④强调认知因素，尤其是理性在选择和决定中的作用；⑤研究个人在制订总目标、计划以及扮演社会角色方面的个性差异；⑥充分考虑情景和环境的因素，强调人对于环境资源的利用以及必要时改变环境。

# Q16.

## 心理咨询热线如何发现危机？

　　心理咨询热线是心理学、社会学、医学等方面专业人士及其他一些社会工作者以电话为媒介，通过对话的方式与咨询对象进行认识和情感方面的交流，探讨和解决个体在日常工作、学习、生活中碰到的心理问题，为咨询对象提供必要的心理帮助或适当的指导，以期在咨询者与咨询对象之间建立一种和谐的人际关系，从而提高和促进咨询对象的心理健康水平。

　　传统的心理咨询是一对一的个别心理咨询，要求咨询者和咨询对象在一个面对面、有着良好氛围的咨询环境中进行，存在其自身的局限性：受时间、地点、人数的限制；咨询对象担心暴露自己的隐私而缺乏一种安全感；在咨询中双方直接感知对方的情感与态度，易造成交流障碍从而直接影响咨询效果。电话作为一种先进的信息技术工具，被当作载体运用于心理咨询领域，就使心理咨询热线具有众多传统心理咨询无法比拟的优越性。

# Q17.

## 高校如何在心理排查中发现危机？

在高校，心理排查机制主要分为寝室联络员、班级心理委员、学院心理部、学院心理健康教育工作辅导员和学校心理咨询中心的专业心理老师五级工作制度，各级按周上报心理危机排查及干预反馈表。心理排查机制在心理知识普及、心理素质提升、心理危机干预等方面发挥作用，能有效地避免或者消除学生由种种心理压力而造成的心理应激、心理危机或心理障碍，增进心身健康，预防精神疾患和心身疾病的发生，防止高校学生恶性心理事件的发生，最终使问题得以很好的控制。

（1）寝室联络员和班级心理委员。他们作为机制中最为底层的工作人员，工作也是较为重大的，在平时的学习生活中，主要负责观察、了解每个同学的心理状况，随时掌握本寝室或本班级同学的心理状况，并在发现身边同学有明显的或是隐约的心理异常状况时，及时向所在班级干部、辅导员汇报。

（2）学院心理部。它是由高校学生干部组成的一个类心理咨询中心的机构。主要工作是通过基础的心理健康知识宣传来帮助高校学生提高心理危机意识。学院心理部成员要不定期地参加学校组织的各项心理团体辅导，以提高对心理问题的识别能力及对寝室联络员或班级心理委员上报的心理危机信息的预测能力。在各院系辅导员老师的配合下，心理部主持做好每年的心理普查，做好高校学生心理档案管理，以及发现、评估和反馈预警信息，做到及早发现、及早预防。

（3）学院心理健康教育工作辅导员。辅导员通过传递上来的问题反馈，对出现心理问题的学生做好登记，了解情况、及时掌握，并根据自己的思想教育工作经验，展开相应的调节工作。对于难以解决、较为严重的心理问题，及时上报给学校的心理咨询中心，交转专业心理咨询老师或专业人员进行干预。

（4）学校心理咨询中心的专业心理老师。其主要对各院系无法疏导、缓解、解决或是处理的有心理危机的学生进行咨询治疗，通过各类心理测试、心理量表数值对照，确定心理危机的症状，并提出相应的对策和措施，关注并保护好产生心理危机的学生。

# Q18.

## 如何在学生日常管理中发现危机？

### 1. 加强心理危机管理

一是要重视心理危机管理，设立专业的机构或者工作委员会，通过制订心理危机管理的相关规章制度，明确责任，进行科学分工，并对工作人员开展相关的知识培训，加强宣传与教育。二是树立良好的心理危机管理意识，定期开展讨论交流会议，使机构内每位工作人员保持警惕，同时提高处理危机的能力，在心理危机发生时，工作人员能够承担起相应的责任，正确妥善地处理好心理危机事件。三是针对心理危机事件制订应对计划，该项计划应包含心理危机类型识别、突发事件处理应急预案、日常化心理危机监测、心理危机处理方案等。

### 2. 开展心理危机知识培训

学校应对在学校一线的所有工作人员，包括任课教师、辅导员、社团工作人员以及学生干部等展开心理危机相关知识培训。专业的培训可以使这个群体掌握一定的心理危机相关知识，能够在日常工作中准确识别有心理危机的学生，并能够冷静、客观地处理紧急情况。研究发现，很多心理危机导致的极端事件发生之前都是有一些预兆的，这就要求周围的人能够保持高度敏感的心思，运用所学知识第一时间处理心理危机，阻止悲剧的发生。因此，要对学校一线的所有工作人员开展心理危机的知识培训，甚至遍及学校的每一个个体，这在一定程度上能够预防学生心理危机事件的发生。

### 3. 定期开展心理测评工作

从学生入校开始，就要对学生进行心理健康普测，使学生一踏入高校校园就接触心理健康这一概念。通过测评，对有心理危机预兆的学生进行备案与加强干预，并给每一位学生建立心理健康档案。对一般心理危机与严重心理危机的学生要进行分类管理，并展开专业指导。

### 4. 建立心理健康管理体系

为了逐一排查心理危机隐患，要充分调动学生骨干的力量，通过学生骨干，完善心理健康管理体系，并通过在每班设置一名心理委员的方式来辅助辅导员开展心理健康工作。

# Q19.

**学生在学校突发应激事件中出现心理危机的
主要表现有哪些?**

应激事件是指在一定的生活环境中，某种被人感知并被评价
后，引起了较大、较强的生理和心理的反应及变化的事件。当遇到
威胁时，机体就会通过神经内分泌的作用来引起唤醒反应，这种反
应的目的是使机体活跃起来，去战胜威胁或逃避威胁，故而称为
"战斗或逃跑"反应。这是人的正常反应，但是如果没有及时调节，
较长时间地处于应激状态，会使生理唤醒反应得不到缓解，从而引
起疾病的产生。

如果突发性事件发生后，针对受影响群体的心理干预不能及
时跟上，一些心理承受力差的人就可能会出现急性应激障碍，即面
临应激情境或遭遇应激事件出现一系列心理、生理和行为上的
改变。

急性应激障碍主要有以下表现：

(1)过度的紧张、焦虑和恐慌，夜不能寐。

(2)过多考虑和收集有关信息，充满恐怖想象。

(3)采取过度防护措施。

(4)对自己身体特别敏感，主观症状多。

（5）个人的日常生活和工作、学习、社交能力下降。

（6）持续时间较久，如历经数周到一月内上述情况还不能缓解，严重者不仅会影响个人的心理健康，还会显著降低机体抵抗能力。

此外，他们的过度和不当的应对措施会影响周围其他人的心理状态，易造成恐惧氛围。

急性应激障碍实际上是事件发生后几乎立即出现的心理反应，通常持续几小时到几天，虽然很快恢复，但心理干预十分必要，否则就可能出现严重后果。如果在一个月内还未恢复，就会转变为创伤后应激障碍（慢性）。创伤后应激障碍不是短期就能治愈的，如果不积极治疗，可能会影响几年、几十年，甚至伴随当事人一生，所以必须认真对待。

第三章

# 心理危机干预技术

# Q20.

## 如何做好心理危机干预的准备？

### 1. 人员队伍组建

心理危机干预人员队伍是一支多学科领域的综合性团队，既要求有良好的专业素养，又要求具有团队作战精神。一般来说，心理危机干预人员队伍的组建应考虑以下几个方面：

(1)评估需求。了解危机事件具体情况，如受累人群数量、结构和分布等，根据需求决定心理危机干预人员队伍的结构和数量。往往根据该地区或其他地区过去发生的类似灾情、此次事件的具体情况、文献所记载的灾情的影响、部门和地方行政长官的诉求和访谈等来进行需求评估。

(2)获得行政支持。心理危机干预是否能获得行政支持是成败的关键，因此，组建队伍前需要获得行政上的支持，包括师出有名、政令畅通、物资保障、人员调动许可等。

(3)联络其他队伍。了解和掌握其他队伍的信息，确保可用资源，包括当地精神卫生服务资源、上级精神卫生资源、其他医疗卫生资源以及其他可能用到的资源(如居委会、村委会等)。

（4）招募成员。成员可以包括精神卫生专家、心理卫生专家、社会工作人员、志愿者等，根据不同的需求决定相应的配置比例，但都要求符合心理危机干预工作者的要求。

（5）开展培训。可以是统一标准的培训，也可以是分级分层培训，内容包括心理危机干预基本知识、评估技术、支持技术、稳定化技术以及常用的认知行为治疗技术等。不同组员的培训内容和要求不同。

（6）制订协议。协议包括两个方面：确定人员组织结构和确认联络方式。组织结构一般包括总负责人及行政助理、业务助理、联络助理以及各组组长。

（7）日常拉练。开展日常拉练，演练心理危机干预的流程和干预技术。定期更新和淘汰组员。

（8）资料保存。保存培训、干预、组员、干预对象心理评估等相关资料。及时总结汇总，出版解密数据和资料。资料保存必须做到有专人负责。

### 2. 相关物资准备

由于突发事件的类型不同，相关物资的准备差别较大。一般出发前应考虑准备的物资主要有：

（1）生活物资：心理危机干预队员的个人物品、充足的食物、手电筒等。

（2）通信工具：手机、海事电话（必要时）、手机充电器、手机备用电池等。

（3）必要的药品：包括急诊常规用药、精神科常用药物等。

（4）心理健康教育读本：出发前应印制相关的心理健康教育读本。

（5）心理危机评估工具：充足的、较为齐全的心理危机评估工具。

（6）相关的技术手册：现场干预培训手册、各类干预技术指导手册等。

### 3. 宣传教育资料编印

根据危机事件的性质，编制相应的心理健康宣传教育资料，内容主要应包括：突发事件可能给我们带来的心理影响及症状表现；如何自我识别心理症状；有了心理应激反应后如何进行自我调节；寻求帮助的方式，比如心理危机干预团队的联络方式等。

# Q21.

## 心理危机干预的目标是什么?

心理危机干预的目标是多层次且统一的,就危机事件的整体处置而言,心理危机干预的目标是减少事件带来的次生灾害,降低处置成本,体现人文关怀,提高组织公信力。

就个体角度而言,心理危机干预的最低目标为帮助当事人消除心理危机状态,使其功能恢复到危机前的水平;最高目标则是提高当事人的心理平衡水平,促进其自身成长。

一般来说,心理危机干预的目标主要包含三个层次:

(1)帮助危机当事人减轻情感压力,降低危机中出现个体自伤或伤人等伤害性行为的风险。

(2)帮助当事人组织、调动支持系统应对危机,降低危机中个体患继发应激相关障碍的风险,使其恢复社会功能水平。

(3)提高当事人的危机应对能力,促其成长。

# Q22.

## 心理危机干预的原则有哪些?

心理危机干预的原则主要有：针对性原则、支持性原则、行动性原则、正常性原则、完整性原则和保密性原则。

### 1. 针对性原则

迅速确定要干预的问题，强调以目前的问题为主，并立即采取相应措施。一般来说，陷入心理危机的人常认为自己不能面对困难或处理问题，经常把痛苦埋在心底，情绪低落。危机干预者必须及时地引导其接受帮助。一旦这些人能够合作，正视自己的痛苦，或在危机干预者的启发下，使自己的痛苦体验得到宣泄，便具备了一个摆脱危机的良好开端。

### 2. 支持性原则

处在心理危机状态的个体比平时更需要支持。其不仅需要危机干预者的支持，而且需要努力地寻求更多的来自家庭、单位和社区的支持。心理危机干预通常应进行五到六次，必须让当事人感觉到不管何时，只要他需要，他都会获得必要的支持。另外，还要鼓励当事人树立自信，避免当事人对危机干预者产生依赖心理。

### 3. 行动性原则

帮助当事人在面对危机事件时有所作为。处于心理危机状态下的个体在应付心理危机的过程中，常常会逃避矛盾和困难，或者采取不恰当的应对措施。危机干预者要给予积极支持，提供建设性的建议，明确当事人在危机状态下应该做什么，如何采取合适的、行之有效的应对行为。同时，要避免当事人责备他人。

### 4. 正常性原则

尽管有些国家将心理危机干预列为精神医学服务范围，但干预对象未必是真正的患者。心理危机干预是运用心理咨询与治疗的方法，帮助当事人分析危机事件的性质及其在事件之中扮演的角色，鼓励当事人充分表达自己的思想和情感，提供适当建议，使其问题得以解决。也就是说，在心理危机干预中，要将心理危机作为心理问题而非心理疾病进行处理。

### 5. 完整性原则

心理危机干预活动一旦进行，应采取措施确保其得到完整的开展。在危机事件中，危机当事人的防御机制可能已遭到破坏，很难再用惯有的方式与他人相处。如果危机干预者已经与当事人建立了信任关系，务必完成整体的干预方案，以免当事人再次受到创伤。

### 6. 保密性原则

心理危机干预需要严格保护当事人的个人隐私，在没有征得当事人同意的情况下，不能随便向第三者透露当事人的个人信息和干预内容。危机干预者也不得向当事人随意打探与干预活动无关的个人隐私。

# Q23.

## 心理危机干预的方法有哪些？

　　心理危机干预通常通过采取不同的技术手段来处理心理危机，降低心理危机已经造成的或即将造成的危害，使伤害降到最小，通常在心理危机产生后几小时内进行为宜。心理危机干预的具体方法主要包括心理咨询和心理健康教育，从而使当事人建立健康的认知判断。一般而言，心理危机干预的方法主要包括以下三种：个体危机干预法、团体心理报告法（GPD）和严重事件应激管理（CISM）。

### 1. 个体危机干预法

　　个体危机干预法是传统方法，常用于预防认知和行为模式适应不良，干预集中于当事人恢复至适应的水平。主要技术包括：即时干预、倾听事件、反映受害者的感受、立即采取行动、利用社会资源。该方法主要用于受害者，一般由心理健康工作者和心理危机训练救援人员实施。

### 2. 团体心理报告法

　　主要用于帮助救援工作者处理严重应激状况，这些状况包括严重受伤、目睹儿童死亡、大量人员死亡等情况。其主要是基于即刻、接近和期待等原则。GPD 主要包括两类方法：严重事件应激报告法（也称晤谈技术，缩写为 CISD）和 Raphael 法。

CISD 是由 Mitchell J. T. 于 1983 年创建的一种简短的、结构性的干预技术，在创伤事件后立即进行，通过语言表达、交流、反应正常化、健康教育和对未来反应做好准备等，来促进情绪健康。CISD 一般需要 1~3 小时，可以自愿或强制参加，通常于心理危机发生后 2~7 天内进行，一般不重复进行。CISD 分为几个阶段，根据不同阶段的特点采取不同的干预。其划分的阶段为：

（1）介绍阶段。解释干预的目标，强调这次干预不是心理治疗，而是有关心理和教育的讨论。

（2）事实阶段。当事人描述在这次危机事件中看到了什么，干预者问一些诸如"你负责做什么工作""谁是最先到达事发地点的"等问题。

（3）认知阶段。鼓励当事人谈论他们在这些危机事件中的想法、这些事情对他们来说有什么个人意义。

（4）反应阶段。这是整个干预过程中耗时最长、涉入最深的一个阶段，鼓励当事人直接、自由地说出他们的情绪反应，可以集中于剧烈的恐惧、否认等情绪。

（5）症状阶段。这个阶段集中于灾难事件中和之后的应激症状，典型问题如"到目前为止，你感觉怎么样？"等，这个阶段要评估当事人的症状是趋于好转还是逐渐恶化，这些症状可以是躯体、认知、情绪或行为等方面的。

（6）教育阶段。干预者提供有关应激反应的一般信息，并将这些反应正常化，可以给出一些应对应激反应和避免酒精滥用的建议。

（7）再认识阶段。干预者提供其他来源的帮助信息，并对整个干预过程进行总结。

### 3. 严重事件应激管理

（1）危机事件发生前策略：

①在机构的组织层面坚持 CISM 原则；

②事前对应急人员进行心理疏导等心理干预措施必要性的教育，以争取他们的积极配合；

③事前培训应急管理人员，确保其能识别危机事件，并能够成功地管理应急人员心理应激方面的问题；

④确定危机事件发生后心理评估和介入管理的安排，如经过培训且合格的心理辅导员可随时开始心理支持服务，心理疏导的时间和次数应按应急人员的情况进行计划。

（2）危机事件进行中策略：

①尽量缩短事件持续的时间，如事件失控的时间或决策时间，管理应急人员离开现场的时间等；

②恢复应急人员熟悉的工作和生活，必要时对受影响人员重建其社会和情感支持网络；

③为应急人员提供信息，确保他们正确地理解危机事件及其发生原因、影响，及他们可以获得的支持和资源；

④使机构对受影响应急人员的需求更敏感，并召集一个康复体系能够持续关注其需求。

（3）危机事件发生后策略：

①社会支持是应对该类事件产生的心理应激情绪最重要的保护因素；

②为应急人员提供社会支持，让他们感到在危机事件中产生的情绪是正常反应，并产生归属感，被理解、同情和接受；

③为应急人员提供的社会支持应是各个层次、全方位的。

# Q24.

## 心理危机干预的目标人群有哪些?

心理危机干预对象的确定通常得根据危机事件的性质、影响程度、心理危机干预人员团队力量等多方面的因素进行综合考虑。一般从以下几个方面确定。

### 1.根据危机中人群分类确定干预对象

第一级:直接卷入危机事件的个体,如受伤者、严重财产损失者、亲人伤亡者。

第二级:与第一级人员有密切关系的人。

第三级:从事救援或搜寻的工作人员、志愿者、记者等。

第四级:可能与危机事件发生、发展有相关责任的领导或个体。

第五级:临近灾难场景时出现心理失控的个体。

第一级和第二级人群是心理危机干预的重点人群。

### 2.根据个体症状表现及社会功能状态确定干预对象

第一类:有一定的沮丧情绪,但心理症状表现处于正常范围内,泛化不明显,社会功能水平未受到明显影响的人群。

第二类：已出现过度或异常的情绪行为反应，泛化明显，社会功能水平已受到明显影响的人群。

其中第二类人群是心理危机干预的重点人群。

### 3. 根据是否有伤害性行为确定干预对象

有潜在自杀和潜在伤害他人与危害社会行为的个体，均应视为心理危机干预的重点人群。

伤害性行为预测参考因素：

（1）流露出消极、悲观情绪，表达过自杀、自伤或/和伤害他人的想法。

（2）近期遭受了难以弥补的严重丧失性事件。

（3）近期内有过自伤、自杀未遂的行为。

（4）发生了人格改变。

（5）有自杀家族史。

（6）情绪严重低落，突然不接受心理干预，或者出现"反常性"情绪好转。

### 4. 在实际的心理危机干预中，常把有下面五类问题的人作为首选对象

（1）目前的心理失衡状态直接与某一特别诱发事件相关的人。

（2）有急性极度焦虑、紧张、抑郁等情绪反应或有自杀倾向的人。

（3）近期丧失解决问题能力的人。

（4）求助动机明确并有潜在改善能力的人。

（5）尚未从适应不良性应对方式中继发性获益的人。

# Q25.

## 心理危机干预的时间表如何制订？

紧急心理危机干预的时限为灾难发生后的 4 周以内，主要开展心理危机管理和心理危机援助。根据目标人群范围、数量以及心理危机干预人员数量，安排工作，制订工作时间表。根据干预的目的，心理危机干预可分为预防性干预、治疗性干预和补救性干预三种。事件发生后的一个月是补救性危机干预的最佳时期，有效的干预可以缩短受害人心理恢复期的时间，减轻事件造成的心理伤害程度。

高校心理危机干预应以预防为主，将预防性、治疗性、补救性相结合起来。

（1）高危人员建档。通过心理健康普测、班级同学及辅导员老师日常观察、本人咨询等方式筛查出存在内在个性缺陷或外在诱因的高危群体，如心理特困、经济特困、学习特困等危机事件当事人，建立高危人员心理档案，对其实时关注、及早发现问题、及早采取措施。

（2）危险时段的宣传教育。在容易产生心理压力的各个时段，进行预防性的教育与管理，防患于未然。如新生入学新环境适应期、毕业生择业受挫期、失恋期、期末考试期、成绩发放期、行政处分期、重大事件发生期等。就可能产生的心理问题预先提出解决方法，进行及时的疏导、调适，将学生的心理压力降到最低。

　　心理危机干预工作是学校心理健康教育的一个检验要素。认清危机事件，采取预防性、治疗性、补救性三者相结合的干预方法，抓住时机进行有效干预，对保障高校学生心理健康具有十分重要的意义。

# Q26.

## 心理危机干预的技术有哪些？

### 1. 建立关系技术

应与目标人群沟通，倾听与理解他们，增强他们的安全感；取得目标人群的信任，建立良好的沟通关系；以理解的心态接触重点人群，给予倾听和理解，并做适度回应，不要将自身的想法强加给对方；减少重点人群对当前和今后的不确定感，使其情绪稳定。

### 2. 心理支持技术

疏泄、暗示、保证、改变环境等方法，一方面可以减小当事人的情感张力，另一方面也有助于与他们建立良好的沟通和合作关系，为以后进一步的干预工作做准备。要注意，支持是指给予情感支持，而不是支持当事人错误的观点或行为。例如对有自杀观念或自杀未遂的人，首先给予的是无条件的关注和对其精神痛苦的理解，让其有宣泄的机会。然后才进行认知的调整，帮助其认识到，除了自杀之外，还有其他解决问题的方法。

### 3. 解决问题技术

解决问题技术又称干预技术，按照 ABC 分类法，可以将心理危机干预技术分为三大类：

A. 心理急救、稳定情绪技术。

B. 行为调整、放松训练、晤谈技术（CISD）。

C. 认知调整、眼动脱敏和信息再加工治疗（EMDR）等。

### 4. 危机干预的六步法

（1）确定问题。干预者从当事人的角度出发，了解确定当事人的问题，通常采用倾听的方法，必要时可以应用相关技术。

（2）保证安全。干预者应该把对自己和目标人群的生理心理危机性降到最小，给予当事人足够的信任感，使其能够把心里所想的都告诉干预者。

（3）给予支持。干预者应该尊重当事人的经历和感受，不带主观意识去评价当事人，使其感受到关心和帮助。

（4）提出并验证应对方式。帮助当事人了解问题的解决方法，并掌握健康积极的应对方式。个体如果能够积极地处理，会增强自我意识，提高解决危机的概率。

（5）制订计划。帮助当事人确定行动步骤，制订下一步的计划，以克服当事人的情绪失衡状态。

（6）得到承诺。让当事人诚实地承诺能够坚持实施干预方案。

# Q27.

## 心理危机干预的技术要点有哪些?

不管使用何种技术,其要点都包括:

(1)主动倾听并热情关注,给予心理上的支持,建立良好的咨询关系,取得当事人的信任。

(2)提供疏泄机会,鼓励当事人把自己的内心情感表达出来。

(3)调动和发挥社会支持系统的作用,鼓励当事人多与家人、亲友、同事接触和联系,减少孤独和隔离,鼓励其重新建立起社会链接系统。

(4)开展心理健康知识宣教,提供心理危机发展解释,帮助当事人理解处境,提高当事人危机应付能力。

(5)根据个体不同的反应,采取不同的心理危机干预策略。

(6)必要时适当应用抗焦虑药物或镇静药物。

# Q28.

## 心理危机干预的过程有哪些？

　　人对危机的反应可分为三个阶段：第一阶段，当事人刚产生紧张并伴随惊吓，在这个阶段里，人们可能否认有危机或不相信已经发生了危机。为了降低紧张情绪，人们以其平常惯用的处理紧急问题的技巧来应对。当这些技巧不能改善问题时，更高的紧张感随即出现，此时进入第二阶段，其特征是严重的紧张情绪让人感觉混乱、崩溃、无助、愤怒或深切的抑郁。这一阶段维持时间的长短完全取决于危机事件的本质、个人的应对能力和社会支持系统的强弱。当人们从第二阶段进入第三阶段时，他们会运用许多应对策略，其结果则取决于这些策略的效果。如果有效，人们则慢慢恢复平衡状态；如果没有效果，则紧张的情绪可能继续扩大，使人心理崩溃，最严重的情形是导致自杀或其他自我伤害。干预者的干预就是基于对危机特征和危机中人们的典型反应的了解下进行的。心理危机干预的过程主要有以下几个阶段。

### 1. 开始阶段

　　（1）缓解当事人精神上的压力。当事人吐露情绪时，干预者应该以同理心回应。同时，应该协助当事人组织一个连贯的、有意义的、对关键事件的叙述，其意义一方面在于给当事人提供一个释放痛苦和不安情绪的机会，另一方面在于帮助当事人重新建立一种能力感和控制感，即使仅仅是组织一个连贯的故事也能达到这些效果。对于经历危机的当事人，尤其是那些经历创伤的当事人，如果在1~3天内详细询问他们所遭遇的创伤，可以减轻他们的症状并加速恢复，否则，创伤后的压力可能导致当事人长期或永久的伤害。

（2）完成评估。由于危机干预的短暂性质，干预者在缓解当事人压力的同时，应该快速评估当事人以前的功能水平。对每一个危机事件，都必须考虑三类不同互动的变量：①危机情景的本质；②个体独有的特征；③个人支持系统的长处和薄弱点。

（3）制订契约和干预计划。心理危机干预过程中需要干预者和当事人双方的契约。研究证明，有契约的干预的正面效果多于没有契约的干预。在商讨干预的时间时，许多专家建议由当事人说出（以增加其自主性）他们认为需要多久才能回到稳定状态。如果当事人不愿意说出具体时长，干预者可以告诉当事人4~8周时间通常足够了。干预者还可以请当事人选定时间、确认所需会谈的次数。

### 2.任务的实施和完成阶段

对于那些遭遇火灾、地震或洪水等自然灾害的当事人，除了及时提供精神安慰、缓解其精神压力外，当务之急是帮助他们解决眼前紧迫的问题，确保基本生活的稳定。干预者应该代表当事人倡导或行动，以满足其基本的、具体的需要，例如，住处、衣食和医疗等。对遭遇家庭暴力而陷于危机的当事人，寻找一个安全的住所以避免更大的、直接的身体和精神伤害也是第一要务。

### 3. 让当事人准备结束阶段

通常，心理危机干预被双方理解为有目的的短期干预，因此，随着工作的进展，干预者要提醒当事人为结束做准备。为了预防未来可能发生的危机，并确保能够有效回应，干预者必须协助当事人做一些事先的引导，其策略包括：

（1）分析压力源。

（2）回想并增强应付过去危机时所做的有效努力。

（3）确认并利用支持系统和其他潜在资源。

（4）完成主要的工作。

综上所述，心理危机干预是原有平衡状态被破坏，经过干预者的及时干预和当事人自己的努力，当事人会重新恢复平衡状态的过程。

# Q29.

## 在制订心理危机干预方案时，注意事项有哪些？

### 1. 制订工作方案时应考虑的问题

（1）危机事件的类型、影响面、破坏程度。

（2）潜在被干预人群的数量和地域分布。

（3）评估中发现的具有共性的心理行为问题类型。

（4）存在严重心理行为问题人群的数量和地域分布。

（5）团队以往开展心理危机干预使用的成熟技术类型。

（6）团队成员自身年龄、性别、教育背景等。

（7）团队开展工作可能获取的社会支持系统和资源。

### 2. 工作方案应包括的内容

（1）确定心理危机现场干预组织体系和相关职责。

（2）根据目标人群和干预团队成员人数，排出工作日程表。

（3）专家组根据前期评估的结果迅速给政府及相关部门提出建议。

（4）制订针对事件本身的心理健康教育方案。

（5）根据不同目标干预人群确定主要干预技术。

（6）根据不同个体对事件的反应，采取不同的心理干预方法。

（7）制订心理危机干预过程中转介制度的规范。

（8）制订现场心理危机干预工作结束的规范。

（9）追踪和随访。

（10）及时发布心理危机干预工作信息。

第四章

# 自杀的识别与干预

# Q30.

## 什么是自杀？什么是蓄意自伤？

自杀是指个体在复杂心理活动的作用下，蓄意或自愿采取各种手段结束自己生命的行为。

中国精神疾病诊断标准（2001）对自杀的概念做了较准确完善的表述，自杀分自杀死亡、自杀未遂、准自杀、自杀观念等。自杀的诊断标准包括：第一，有充分依据可以断定死亡的结局系故意采取自我致死的行为所致。第二，只有自杀意念而未实行者不采用此诊断，并无自杀意念，但由于误服剧毒药物、误受伤害等原因致死者不采用此诊断；伪装自杀亦不属此诊断。第三，自杀者可无精神障碍，如自杀时已存在某种精神障碍，则并列诊断。

蓄意自伤是指通过各种方式反复地、故意地、直接地对自己采用非致死性伤害行为，但无自杀观念且不会导致结束生命的结果。

# Q31.

## 自杀死亡率怎么样?

《英国医学杂志》曾发表了一篇题为"1990 年至 2016 年全球国家和地区自杀死亡率:基于《2016 年全球疾病负担研究》"的文章,其研究人员对 1990 到 2016 年全球自杀疾病负担进行了分析,考察了全球 195 个国家及地区的自杀死亡变化趋势。

研究表明,从 1990 年至 2016 年度 27 年间,全球自杀死亡率上升了 6.7%,2016 年约 81.7 万人自杀死亡,但年龄标准化(指按同一标准年龄构成对人口统计资料进行统计处理的方法)自杀死亡率下降了 32.7%,与全球年龄标准化死亡率下降幅度相当(30.6%)。在亚太地区发达国家中,自杀是年龄标准化生命损失的首要原因,是东欧、中欧、西欧、中亚、大洋洲、拉丁美洲南部和北美的高收入国家及地区前 10 的死亡因素。除 15~19 岁年龄段以外,男性的自杀死亡率高于女性。女性自杀死亡率下降的程度高于男性(前者为 49.0%,后者为 23.8%)。2016 年,中国和印度这两个人口最多的国家中,自杀死亡人数加起来占全球自杀死亡人数的 44.2%,然而,在 1990 年至 2016 年这 27 年中,中国的自杀年龄标准化死亡率大幅下降，印度却只下降了 15.2%。

研究认为，尽管 1990 年以来，全球年龄标准化自杀死亡率呈现出下降的趋势，但自杀仍是重要的全球死亡因素。

# Q32.

## 自杀的心理因素有哪些?

自杀的心理因素主要包括人格和个体差异以及认知因素。

### 1. 人格和个体差异

与人格和个体差异相关的因素在成年后基本不会发生变化。自杀者经常有生物基础并受环境的影响。

### 2. 认知因素

自杀的人存在不同的认知过程,当认知出现缺陷或紊乱时,自杀风险就会增加。认知因素主要包含以下潜在因素:

(1)认知僵化,即自杀人群认为自杀是唯一选择。

(2)思维反刍,即反复关注自身消极情绪及相应实践的思维方式。

(3)思维抑制,即试图有意地停止思考不必要的想法却适得其反,思考特定的不必要的想法的频率提高。

(4)自传式记忆偏倚,即有自杀行为的人回想特定自传式记忆的能力下降,从而导致自杀风险提高。

（5）挫败的归属感和累赘感，即挫败的归属感和感知自己对他人的负担会加重自杀风险。

（6）无所畏惧和对疼痛不敏感，即对疼痛敏感性的改变会导致自杀意念或自杀行为。

（7）解决问题和应对问题的能力有缺陷，即解决问题和应对问题的能力对自杀意念或自杀行为有影响。

（8）激越，即一种严重运动性不安和焦虑的状态。

（9）相信内隐联系，即相信死亡和自我之间存在内隐精神联系。

（10）注意偏倚，即近期有自杀行为史的人会对与自杀相关的人、事更加关注，这些信息也会反过来或干扰、或刺激，影响个体的认知。

（11）对未来思考消极或目标很难实现，即不存在对未来积极的思考或目标变得遥不可及的时候会增加自杀风险。

（12）缺少继续生活的理由，即支撑个体活下去的理由较少时会增加自杀想法和自杀行为的风险。

（13）挫败和压力，即个体无法逃离挫败或具有压力的情况会为自杀想法的浮现提供环境条件。

# Q33.

## 自杀的社会学因素有哪些?

自杀的社会学因素主要包括社会环境因素以及负性生活事件。

### 1.社会环境因素

社会环境因素主要是指外部环境中对自杀群体实施自杀行为的影响因素。例如有家族自杀史会增加个体自杀的风险,且这种风险独立于家族精神疾病史,可能存在部分社会传播效应。同时,媒体对自杀事件的描述也会影响自杀率,互联网也有可能对自杀行为产生负性影响。此外,社会孤立和缺乏社会支持也是与自杀相关的因素。

### 2.负性生活事件

负性生活事件包括:

(1)童年时期不良事件,即在童年期间发生的不良生活事件(如躯体上、性方面、精神上的虐待,家庭暴力,父母生病、离婚、死亡等)。

(2)成年期创伤性生活事件,即成年期间遭遇创伤性生活事件

（如性虐待或躯体虐待，心爱的人去世，灾难或事故，处于战争或暴力的环境中）。

（3）躯体疾病。

（4）其他人际关系应激源，例如丧失收入、欺凌和迫害等。

# Q34.

## 自杀的相关因素有哪些?

### 1. 自杀的生物学因素

自杀的生物学因素主要包括疾病、神经递质、遗传、神经内分泌激素、血清胆固醇等。

(1)疾病。

精神障碍。主要包括:心境障碍(主要是抑郁症);人格障碍(如边缘性人格障碍、反社会性人格障碍);脑器质性精神障碍(癫痫、脑外伤、轻度痴呆或痴呆早期)。

躯体疾病。自杀率较高的躯体疾病包括神经系统疾病、癌症、艾滋病、慢性疼痛性疾病、慢性肾病、心脑血管疾病等。

(2)神经递质。

脑内神经递质发生改变,特别是 5-HT、去甲肾上腺素、多巴胺、γ-氨基丁酸和谷氨酸的异常。

脑脊液中,5-HT 代谢产物五羟吲哚乙酸(5-HIAA)含量下降。

(3)遗传。

单卵双生子的自杀一致率为 13.2%,显著高于双卵双生子的自杀一致率(0.7%)。

家系调查发现,6%～8%的自杀未遂者有自杀家族史;自杀者一级亲属的自杀危险性是一般人群的10～15倍。

(4)神经内分泌激素。

有研究发现,女性体内的神经内分泌激素水平的变化会对自杀行为产生影响,约有2/3的女性患者自杀发生在月经前期和月经期。另有研究发现,自杀与下丘脑—垂体—肾上腺轴有关,自杀者的去甲肾上腺素活动过度。

(5)血清胆固醇。

流行病学和临床研究均显示:胆固醇与5-HT之间存在明显的相关性。血清胆固醇水平的下降会导致脑内的5-HT活性下降(细胞膜上胆固醇含量降低,受体减少,使中枢5-HT功能减退)。

## 2. 自杀的其他相关因素

其他因素包括老年、男性、离异、丧偶、独身、失业或退休、独居、故意自杀史、抑郁、依赖、敌意、嫉妒、冲动性、自我中心、灵活性差、童年失去亲人等。

# Q35.

## 对自杀的错误认知有哪些?

当前,人们对自杀的错误认知,主要表现在以下几方面:

(1)声称"我想死"的人往往不会死,而从来不提死的人反而自杀的概率更高。平时未表明自杀意愿却做出惊人举动甚至自杀的现象的确存在,但并不能因此就得出"凡声称自杀的人就不会自杀"的论断。一项对71个自杀死亡者案例的研究结果发现,其中一半人在自杀前3个月明确表示要自杀的意愿。坦白说出"我不想活了"等类似话的人,大多不会对所有人说,而是有意、无意地选择特定对象说出绝望的心情。因此,听者要认真对待,及时采取相应措施加以干预,因为对方可能并非开玩笑或随口说说而已。

(2)自杀是懦弱的表现,是不合理的行为。很多人认为自杀是逃避,是不负责任的表现。然而,对自杀原因进行探讨发现,自杀者都有其理由。无论是自杀还是尝试自杀,实施者都要无所畏惧、忍受疼痛。在多重压力下企图自杀并非懦弱。干预者应理解和接受自杀者,在建立良好的信任关系基础上有效实施干预。

(3)自杀未遂者从"鬼门关"走过,会重新开始,或者自伤只是为引起他人注意,目的达到就不会自杀。研究显示,自杀未遂者,在自杀失败后情绪可能仍然高涨，再度自杀的概率极高。在所有自杀者中，有40%曾有过自杀经历。之前的自杀尝试越多，自杀成功的可能性就越大。美国州立大学心理学家 Thomas E Joiner 认为任何使人们习惯疼痛、受伤或者死亡的经验，都可能使他们对疼痛和刺激性体验越来越无所畏惧，包括曾经的自杀尝试，会帮助人们提高自我伤害的能力。故而，对于任何一次的自我伤害应给予高度重视和关注，评估自杀者再度自伤自杀的可能性，给予恰当的心理救助和干预。

（4）与自杀未遂者或他人交谈时，应忌讳谈论自杀话题，因为可能会引发自杀未遂者再度自杀，也可能会使本没有自杀想法的人有自杀的危险。实际上恰恰相反，几乎所有的自杀治疗专家都认为应鼓励病人谈论自杀想法，这样有助于自杀者与干预者建立信任关系，使自杀者在谈论中重新思考，建立控制感和自信心。日本和美国多年的实践经验表明，在课堂或者其他公开场合谈论自杀、开设模拟课堂、采取角色练习等方式，有助于大家对自杀者的理解，提高干预的有效性。

（5）想死的人最终还是会选择一种方式结束生命，阻拦一次没用，他们都有精神疾病。这种观点危险性极高，会导致人们对自杀行为和自杀者的漠视和冷眼。自杀者在终结生命时都有心理障碍，但仍有上千万有心理障碍的人并没有自杀。那么，是什么阻止了他们的自我了断呢？有统计显示，仅有部分自杀者有精神疾病，而多数自杀者是长期遭受身心暴力等孤独无助、严重抑郁的正常人以及遭受病痛折磨的老年人。自杀者中部分是冲动性自杀，而更多的是反复考虑后作出的决定。他们都曾与死亡有过挣扎与搏斗，若在此时，给予其理解与援助，自杀的发生率将会大大降低。

（6）如果出现自杀事件，要封锁消息，否则对单位影响不好。部分事发单位或部门在发生自杀事件后，往往要求大家闭紧口风。事实上，只要事件发生，最终都会传播开来，而且会通过不同途径、不同版本向外扩散。社会心理学研究发现，人们对重大事件的信息获得越少，越容易产生恐慌心理。这种恐慌持续时间越久，对单位的影响就越大。因此，事发单位应在自杀危机干预专业人员的指导下向学生或员工做自杀危机管理简报会，陈述事实、稳定情绪，同时筛查自杀危险度较高的人，做进一步的干预，将事件的精神和经济损失降到最低。

（7）对自杀事件大肆报道，引起大家的注意。1998年，香港一家报纸在头版大肆报道了一位妇女用"烧炭"方法自杀后，2000年末，烧炭就上升为香港地区第三位的自杀方法，2002年已成为第二位。媒体大肆渲染的报道，会产生一种暗示性或共鸣性，从而形成了扩大群发自杀的准备状态，又称"维特效应"。当然，若处理得当，媒体则能成为降低自杀发生的有效工具。一般来说，媒体不要美化或夸张自杀；不要详细报道自杀手段和自杀者的真实姓名；要强调防止自杀的手段，及可能存在于背后的精神疾病的有效治疗方法；提出具体解决问题的手段，说明应注意哪些群体，应采取何种措施；公布心理卫生的主要机构及热线；保持与相关工作者的密切联系；除进行短期、集中的报道外，还要对根源性问题进行长期的报道，强调自杀预防与干预的长期性，防止虎头蛇尾，前功尽弃。

# Q36.

## 自杀动机有哪些？自杀者常具有哪些心理特征？

自杀动机是导致患者自杀的原动力，也是预防和干预的关键。自杀动机又分为人际动机和内心动机两类。人际动机是人在生活、社交的过程中不如意，产生了挫败感，从而引起过激行为。内心动机来源于人在自然中作为有智慧的生物对生命本源的思考，对生命产生了一种无力感，看低自己的价值。

经研究发现，容易自杀的人大多具有以下心理特征：

（1）对全社会特别是对周围人群抱有深刻的敌意，戒备心理较强，喜欢从阴暗面看问题。

（2）缺乏决断力，遇事犹豫不决，没有主见。

（3）社会交往能力差，从思想上、感情上把自己与社会隔离开来，缺乏归属感。

（4）缺乏理性的生活态度，认识问题倾向过度概括化，非此即彼，以偏概全。看不到解决问题的多种途径，在挫折和困难面前不能对自己和周围环境作出客观的评价。

（5）倾向夸大负性事件的危害性，倾向自暴自弃，倾向自我贬低。

(6)过分追求绝对化、肯定化，不能忍受不确定性。

(7)适应能力差，应付困难的技巧和能力较差。

(8)行为具有冲动性。

(9)人格不成熟，情绪不稳定，神经质。

(10)缺乏人格自知力，对自己的定位不准确。

# Q37.

## 如何识别自杀的基本线索？

　　自杀行为的发生并非完全是突然的和不可预测的，大多数自杀行为的发生存在一定的预兆，我们可以通过对有关因素的分析和评估，提高对自杀行为的预测和防范水平。自杀危险性评估的基本线索有：

　　（1）通过各种途径流露出消极、悲观的情绪，表达过自杀意愿。自杀者在自杀前流露出相当多的征象，用他们自己的方式表达过自杀的意愿，如反复向亲友、同事或医护人员打听或谈论自杀方式，在个人日记或作品中频繁谈及自杀等。另外，不愿与别人讨论自杀问题，有意掩盖自杀意愿亦是一个重要的危险信号。

　　（2）近期遭受了难以弥补的严重的丧失性事件。丧失性事件常是自杀的诱发性事件，在事件发生的早期，容易自杀，在经过危机干预后，自杀的危险性虽然有所下降，但绝望的意愿仍可能使他们采取自杀的行动。等到他们"适应"以后，危险性会逐步降低。

　　（3）近期内有过自杀或自杀未遂行动，其再发自杀行为的可能性非常大。既往行为是将来行为的最佳预测因子。当自杀者采取自杀并没有真正解决其问题后，再次自杀的危险性将会大大提高。

此外，在自杀行为多次重复后，周围人常会认为其其实并不想死而放松警惕，此时自杀的成功率将大大提高。

（4）发生人格改变。如易怒、悲观、抑郁、内向、孤僻等性格者；不与家人和朋友交往者；出现自我憎恨、负疚感、无价值感和羞愧感，感到孤独、无助和无望者；突然整理个人事物或写个人意愿者；有自杀家族史者等。

（5）慢性难治躯体疾病患者突然不愿接受医疗干预，或突然出现"反常性"情绪好转，与亲友交代家庭今后的安排和打算。

（6）精神疾病患者，特别是抑郁症、精神分裂症、酒精或药物依赖患者是公认的自杀高危人群，如有自责自罪、被害、虚无妄想，或有命令性幻听、强制性思维、焦虑或惊恐等症状者。有抑郁情绪的患者，如出现突然的情绪的"好转"，应警惕自杀的可能。有人对抑郁症患者进行追踪调查时发现，36个患者中出院6个月的时间内有42%的人自杀，出院1年的时间内有58%的人自杀，2年的时间内有70%的人自杀。因此，抑郁症患者的自杀并不一定只出现在疾病的高峰期，在疾病的缓解期同样有较高的自杀风险。比如，心情特别忧郁或抑郁；近期尤其是最近几天有严重的负面的生活事件；近一个月以来生活质量很差；长期的生活、工作或者心理压力；曾经有过自杀的行为或亲友、熟人有过自杀行为，这些都增加了抑郁症患者的自杀风险。

# Q38.

## 如何预防自杀？

国际上已形成自杀的三级预防模式。

一级是指预防个体自杀倾向的发展。有研究表明，减少自杀手段的可获得性，如在一般人群中有效地控制毒物的使用，可降低自杀率，也不会造成其他自杀方法使用的增加。减少自杀行为的措施包括积极治疗精神疾病患者，监控有自杀可能的高危人群，控制枪支，管理好农药等危险药品和其他危险物品，广泛宣传心理健康知识，提高人群应对困难的能力等。

二级是指对处于自杀边缘的个体进行早期干预，其措施包括：建立自杀或危机干预机构，控制造成自杀的便利途径，加强急诊服务，通过心理热线咨询或面对面咨询服务帮助有轻生想法的人打消自杀念头等。

三级则指对有过自杀未遂经历的人，防止其再次出现轻生行为而采取相应措施。包括：心理咨询和早期危机干预；开展对导致自杀的环境因素的研究，以尽量减少环境对自杀观念或行为的影响，从而有效地预防自杀。

第五章

# 抑郁症的识别与干预

# Q39.

## 什么是抑郁症？

抑郁症，也被称为"心灵的感冒"，是指以心情抑郁或无法高兴起来、兴趣减低、精力下降或疲倦、反应迟钝、自责自罪、自我评价低、食欲下降、失眠等为主要表现的一种常见的精神疾病，严重者可出现自杀念头和行为异常。也有一些患者主要表现为全身多处不适，并反复就诊，但多项检查结果均未见明显异常或与之相关性不大。

# Q40.

## 抑郁症的自杀死亡率是多少?

　　美国的资料显示,抑郁症人群中的年自杀率为 83.3/10 万,是一般人群自杀率(11.2/10 万)的近 8 倍。在中国,抑郁症人群的自杀率约为 22.2/10 万。在自杀者中,抑郁症人群占 40%~70%,具有相当大的比重。

# Q41.

## 为什么会得抑郁症？

通常，抑郁症的发生是由多种因素共同起作用的。抑郁症的发病主要与遗传因素、社会心理因素、性格心理因素、神经内分泌功能失调以及躯体疾病等有较密切的关系。

### 1.遗传因素

遗传因素在抑郁症产生的原因上有一定的作用，如果直系亲属中有人有抑郁症史，此类人群抑郁症的患病率就比别人高。

### 2.社会心理因素

抑郁症患者首次发病的半数以上可与社会心理因素有关。现代生活节奏加快，工作生活压力越来越大，是造成抑郁的重要原因。丧偶、严重的家庭关系不和、人际关系紧张、经济困难或生活方式的巨大变化等都会诱发抑郁症。

### 3.性格心理因素

研究表明，优柔寡断、多愁善感、内向悲观等性格特点的人易患抑郁症，心理承受能力弱的人也容易患上抑郁症。

### 4. 神经内分泌功能失调

研究发现，抑郁症患者存在下丘脑—垂体—肾上腺轴功能异常，脑部神经递质失衡是抑郁症发病的重要因素。人体内含有 5-羟色胺、去甲肾上腺素、多巴胺、氨基酸等多种神经递质。这些递质水平升高、降低或比例失衡均可导致抑郁的发生。

### 5. 躯体疾病

有时抑郁症的发生与躯体疾病有关，一些严重的躯体疾病，如脑卒中、心脏病发作、糖尿病、甲状腺功能亢进、不孕不育等常常引发抑郁症，并使原来的疾病加重。

# Q42.

## 抑郁症的主要表现有哪些?

　　抑郁症的三大特征性症状是情绪低落、兴趣下降和精力下降,这种感觉占据一天中的绝大部分时间,且持续至少两周,影响生活和工作质量,且多伴有睡眠障碍、焦虑或者反应迟钝、无价值感或自我罪恶感、体重减轻或增加、注意力不能集中或者决策困难、有死亡或自杀念头等症状。

# Q43.

## 如何识别抑郁症？

抑郁症主要应根据病史、临床症状、病程、体格检查和实验室检查来诊断，典型病例诊断一般不困难。国际上通用的诊断标准一般有 ICD-11 和 DSM-IV。

国内主要采用 ICD-11，抑郁发作诊断要求至少具备情感性症状 1 条、其他症状 5 条。情感性症状群包括抑郁心境、兴趣/愉快感缺失。其他症状归类为 2 个症状群——认知-行为症状群和自主神经系统症状群。认知-行为症状群包括集中注意和维持注意的能力下降、自我价值感低、不适切的内疚感、无望感以及想到死亡。自主神经系统症状群包括失眠或睡眠过多、胃纳差或体重改变、精神运动性激越或迟滞以及疲乏。

正常的哀伤可以包括抑郁症状，但其并不是抑郁发作诊断的充分条件。正常的居丧反应有时可以持续 6 个月，或在某些文化/宗教背景下可持续超过 6 个月。然而，抑郁发作可叠加于正常的哀伤。以下情况提示居丧期间抑郁发作可能：丧亲后抑郁症状持续存在 1 个月或更长时间（即体验不到正性情感或愉快感）、极度自我价值感低下和与丧亲对象无关的内疚感等严重抑郁症状、精神病性症状、自杀意念，或精神运动性阻滞。既往抑郁障碍或双相障碍病史对于鉴别正常的哀伤反应和抑郁发作至关重要。

　　对疑为抑郁症的患者，除进行全面的躯体检查及神经系统检查外，还要注意辅助检查及实验室检查。迄今为止，尚无针对抑郁症的特异性检查项目。因此，目前的实验室检查主要是为了排除物质及躯体疾病所致的抑郁症。有两种实验室检查在抑郁症诊断中具有一定的意义，包括地塞米松抑制试验(DST)和促甲状腺素释放激素抑制试验(TRHST)。

# Q44.

## 抑郁症有哪些治疗方法？

### 1. 个人调理

注意生活规律，多运动，爱阳光，自我宣言，学习渐进性放松技术，自我按摩等。

### 2. 西医治疗

（1）急性期治疗。要控制情绪，预防自杀、自伤，适当使用抗精神病药物。

（2）巩固期治疗。以巩固疗效、避免病情反复为目标。症状消失后至完全康复，需 4~9 个月。在此期间患者要定期复诊，按医生指导服药，切勿感觉好转便自行减药或停药。

（3）维持期治疗。目的是防止症状复发。抑郁症为高复发性疾病，因此需要维持治疗以防止复发。维持治疗结束后，病情稳定，可缓慢减药直至终止治疗。

### 3. 中医治疗

（1）分型治疗。如肝郁脾虚、肝郁气滞、心脾两虚、气滞血瘀、肝肾两虚症状的治疗。

（2）中成药。如逍遥丸、归脾丸、六味地黄丸、血府逐瘀口服液等。

（3）免煎中药配方颗粒及膏方。

（4）验方、便方。如赤豆薏苡枸杞枣汤、百合汤等。

（5）中医外治法。如体针、电针、艾灸等。

### 4. 物理治疗

（1）重复经颅磁刺激治疗。目前用重复经颅磁刺激进行治疗的精神科疾病主要包括抑郁症、焦虑障碍和精神分裂症。每周 3 ~ 5 次，10 次为一个疗程。

（2）体感音乐治疗。又称体感振动音响技术，能有效改善失眠、焦虑、抑郁、身心失调等症状，并实现一系列的康复理疗作用及保健效果。

（3）生物反馈治疗。生物反馈治疗就是将肌电活动、脑电、心率、血压等生物学信息进行处理，然后通过视觉和听觉等患者可以认识的方式传达给患者，训练患者，使患者能够有意识地控制自己的心理活动。

（4）改良电休克治疗。对有严重消极自杀言行、抑郁性木僵患者，电休克治疗应是首选的物理治疗。

### 5.心理治疗

主要的心理治疗方法有人本主义疗法、认知疗法、行为疗法、认知行为疗法、精神分析疗法，具体有意象对话治疗、家庭系统排列治疗、沙盘治疗、绘画治疗等治疗手段。如患者有婚姻家庭问题，可以通过家庭治疗和婚姻治疗的形式开展认知疗法；如涉及人际交往困难和社会适应问题可参加团体治疗使用行为疗法；如患者情绪表达困难或者有丰富意象则可选择意象对话治疗等，进行精神分析疗法。

# Q45.

## 如何对抑郁症自杀进行干预？

抑郁症自杀需要患者、家属和医生等多方面共同努力来预防和阻止。

首先，当患者发现自己有自杀苗头时，应及时与家人、好友沟通，并及时到医院就诊，寻求帮助。

其次，患者家属要留意和关注患者的情况，如患者在与人谈话或自言自语中流露出"生不如死""一了百了"的念头，打听与死有关的事情；或出现异乎寻常的行动，如表示想死决心，与朋友过深倾诉，将自己珍爱的物品赠人或将自己的财产送人，开始收藏与自杀有关的物品（如绳子、刀子、农药或安眠药），着手整理自己的物品，清理自己的账务等；或出现异乎寻常的态度，如出现突发的悲泣、愤恚或异乎寻常的平静，家属亲友都应高度警惕，及时带患者到医院就诊治疗。

再者，医生接诊时应高度重视患者及家属反映的情况，做出正确判断，制订治疗方案，最好建议住院治疗，由医务人员及家属共同努力防范患者自杀行为的出现。

# Q46.

## 抑郁症休学的法律依据有哪些?

学生因伤病和本人不可抗拒的原因连续缺课累计超过 210 个学时仍不能上学的,由监护人提出书面休学申请并提交有关证明材料,学校审核后统报教育主管部门审批。因伤病提出休学的,需经县级以上教育主管部门指定的医疗单位检查并出具证明及相关材料。学生因不可抗拒的原因提出休学的,需出具证明及相关部门的证明。教育主管部门批准、备案后,由学校出具休学证明。学生休学情况要记入学生登记表,医院等出具有关证明应附在学生登记表后。

《普通高等学校学生管理规定》已于 2016 年 12 月 16 日经教育部 2016 年第 49 次部长办公会议修订通过,修订后的《普通高等学校学生管理规定》自 2017 年 9 月 1 日起施行。其中第三章"学籍管理"第四节"休学与复学"可以作为相关依据:

第二十五条 学生可以分阶段完成学业,除另有规定外,应当在学校规定的最长学习年限(含休学和保留学籍)内完成学业。学生申请休学或者学校认为应当休学的,经学校批准,可以休学。休学次数和期限由学校规定。

第二十八条 休学学生应当办理手续离校。学生休学期间，学校应为其保留学籍，但不享受在校学习学生待遇。因病休学学生的医疗费按国家及当地的有关规定处理。

第二十九条 学生休学期满前应当在学校规定的期限内提出复学申请，经学校复查合格，方可复学。

# Q47.

## 抑郁症复学的程序有哪些?

抑郁症患者只要接受科学的心理治疗和药物治疗,病情稳定后是完全可以复学的。学生的抑郁症治愈之后,可以通过主治的精神科医生开具一个精神健康证明。有健康证明,学校就得允许学生复学,这个是正常的程序。但是要注意,家属或患者必须向学校如实告知患者的情况,不能隐瞒患者的病情。

# Q48.

## 抑郁症复学后辅导员跟踪管理应注意哪些？

（1）对学生的心理问题要积极关注和采取有效的措施。不吝对学生的表扬和鼓励。当代大学生多为独生子女，抗挫性差，辅导员应多从学生的立场和角度去解决问题，打消学生的疑虑，让其对老师敞开心扉，信任老师。

（2）及时与领导沟通，与家长沟通，形成育人合力。既要做到制度管理，又要做到柔性管理。所谓制度管理就是要及时将学生的情况上报给领导，尽力争取领导的支持和帮助，防止在处理问题时出现偏差。柔性管理首先要争取得到学生的信任，另外也要与学生家长积极沟通，争取他们的配合。从家长处争取合力，是学生工作开展的关键。

（3）注重与同事沟通，取长补短，共同发展。辅导员需要掌握政治学、心理学、伦理学等多方面的知识。而种种因素的限制，辅导员总会有很多方面的欠缺，这个时候，就需要充分开展同事之间的交流。

（4）构建问题学生的应急帮扶机制。学生问题"常干常新"，总会有新问题的产生，但是问题的背后总会有可循的规律。这样就可以建立针对问题学生和学生问题的应急帮扶机制，有效地应对和解决问题。

第六章

# 素质应激模型

# Q49.

## 什么是素质？

　　素质是个体在遗传的基础上，通过遗传和环境因素的相互作用而形成的身心特质或品质。这些身心特质具有内在的、相对稳定的、（在某些条件下）可以改变的和隐性的特点。素质包含身体和心理这两个相互影响的方面——身体素质和心理素质。身体素质由身体的各种生物学特质或品质构成，心理素质由各种心理特质或品质构成。

　　遗传和环境因素交互作用影响素质的形成。个体接受父母的遗传基因构成其生物素质的基础，环境因素对于素质（特别是心理素质）的形成起重要的作用。与后期的环境相比较，幼年时期的自然和心理社会环境对于个体的身心特质的养成有更大的影响。极端的自然环境可造成基因突变，以致改变人的生物学素质。早年适当的营养等自然条件、良好的家庭和学校环境、适当的教养方式和适度的应激经验等，则有益于良好的身体素质和健康的心理素质的培养。

# Q50.

## 什么是心理素质和心理健康素质？

　　心理素质是在遗传基础上，在环境的影响下，通过个人参与而获得的心理特质，是影响个体适应生活、学习和工作要求的认知能力以及影响个体应对挑战、威胁和丧失等应激因素的人格特质的综合。

　　心理素质可以进一步区分为智力素质和心理健康素质。智力素质是反映认知能力的心理特质，可以采用标准化的智力测验加以衡量；而心理健康素质是影响人们应对各种应激因素的侵袭、直接与个人心理健康密切相关的心理特质。国内专家在 2012 年提出了心理健康素质的结构模型，在这个结构模型中，有六种属于"人格特质"水平的心理特质，包括坚韧性、心理弹性、情绪性、自我概念、人际健康素质和社会赞许性；两种"类（人格）特质"的心理品质——健康信念和生活信念；两种"亚特质"——认知风格和应对风格。

# Q51.

## 什么是健康素质和疾病易感素质？

健康素质是能够帮助人抵御各种有害因素的影响、维护健康、预防或减少疾病发生的身心特质，是身心"正能量"的源泉、发生器或发动机。健康素质的生物学方面包括健全的免疫机制和生理内稳态与调节机制等，心理方面包括人格坚韧性、弹性特质、自尊和自我效能性、乐群性、友善性、乐观性和内控信念等。

疾病易感素质是使人对于疾病敏感脆弱、容易罹患的内在、相对稳定的身心特质，如基因异常或基因组合的异常、染色体异常、大脑功能组织的异常、中枢神经的可塑性低下，以及神经递质和神经内分泌失调性等，属于躯体(生物学)方面的疾病易感素质。心理方面的疾病易感素质包括敌对性特质、抑郁气质、焦虑特质、强迫特质、偏执特质、分裂样特质、边缘性人格特质等。

每个人都拥有多种多样的身心特质，包括健康素质和疾病易感素质。同一种身心特质在不同的人身上负载的程度各有不同，这些不同特质之间复杂的交互作用(如对抗、抵消、协同、妥协等)，加之与当前的环境应激因素间的交互作用，决定个体当前的身心健康水平。

# Q52.

## 什么是应激和心理应激?

应激具有心理学和生理学的双重意义,看待应激现象需要从心理生理学和身心整体论的视角出发。

在现实生活中,一个人需要依据环境的变化来不断地调整自己的身心状态,使之达到动态的平衡。环境的变化客观上向人提出调整和适应的要求,这种实际存在的环境要求和个人认知上的环境要求一样,都会引起人身心紧张和压力。因此,应激可界定为"由实际上的或认知上的至关重要的内外环境要求所引起的一种通过多种多样生理和心理反应而表现出来的心身紧张状态"。

心理应激是一个人在察觉到自己正面对着至关重要的环境要求时,所产生的一种通过各种各样的心理和生理反应而表现出来的心身紧张状态。由于这些环境动因在性质上属于心理社会性质的刺激物,因此也可以说心理应激指由心理社会性质的刺激物所引起的应激。

应激的心理反应包括认知反应、情绪反应和行为反应。其中,同心理健康最直接相关联的是情绪反应,又称情绪应激反应。常见的情绪应激反应有焦虑、恐惧、敌对、愤怒和愤恨以及抑郁等。

# Q53.

## 什么是应激源？

应激源指那些能够破坏个体原有身心平衡状态的环境动因。这些环境动因可大体上分为自然环境动因(躯体性应激源)和心理社会环境动因(心理社会性应激源)。

较强的理化刺激物、细菌、病毒等躯体性应激源，是引起生理应激反应并进而影响身体健康的主要刺激物。

心理社会性应激源，包括日常生活琐事、发端于头脑中的凶事预感、学习或者工作的环境要求等，大多通过认知评价的中介作用引发心理和生理应激反应。心理社会性应激源是引起心理应激并进而引起精神障碍的主要环境刺激物。心理社会性应激源引发的心理应激反应主要受个体对于应激源的认知评价的影响，而个体对于应激源的认知评价则受应激源本身的性质和强度以及个人的心理健康素质因素的调节性影响。

# Q54.

## 什么是心理应激的防御和应对机制?

在心理应激条件下,人们的自我心理调适一般采用两种基本方式:防御和应对。

防御是自我为摆脱不可接受的性驱力和攻击驱力的威胁及由其所引起的焦虑等消极情感之心理手段。防御机制是个体用来对付体内外各种应激情境要求、维护心理康宁的心理手段。按照一般的理解,心理防御通常是无意识的,而应对是有意识的;情绪应激条件下,无意识的防御往往可以成为深思熟虑的有效应对的必要基础条件。

应对指一个人努力处理紧张性环境及其心身影响的不断变动的过程。按照其目标或功能,个体在心理应激条件下的应对行为可以分成注重问题的应对和注重情绪的应对。按照应对手段,可以将应对行为分成认知应对手段和行为应对手段。注重问题解决的应对行为可以帮助人消除心理社会性应激源或者改变它们的不可控制性,因此在多数情况下是健康的应对策略,主要适用于中等强度的、有条件解决相关问题的应激条件下。注重情绪的应对可以帮助人降低过于强烈的情绪和生理反应,保持希望和士气,主要适用于较强烈的、没有条件解决相关问题的心理应激条件下。从维护健康、防止疾病发生的角度看，最为重要的是审时度势、灵活地采用不同的应对策略、方法和手段，而不是固守单一的应对方式和手段。

只要应激源和它所带来的问题持续存在，应激反应、防御、应对便会相伴发生。因此，在大多数情况下，应激反应和应对是一个不断反复的过程。应激反应和生理调节以及心理防御和应对代表着人在身体上和心理上对紧张性环境要求所作出的适应或调节努力，有适应意义。但强度大、持续时间长的应激反应会引起人的不适，导致许多身心症状，使人处于"亚健康"或疾病易感状态。

# Q55.

## 心理应激同健康有何关系?

心理应激同人的健康间存在双向的联系:一方面心理应激可以影响人的健康,另一方面一个人的健康状况也会影响应激条件下心理应激反应的类型、强度和应激的耐受力。心理应激对健康的影响包括积极影响和消极影响。

适度的心理应激对人的健康和功能活动有促进作用,这类应激被称为"良性应激"。首先,适度的心理应激是人成长和发展的必要条件。幼年期的适度的心理应激可以导致明显的成长和发展;早年的适度的心理应激经历可以提高个体在后来生活中的应对和适应能力,从而能更好地耐受各种紧张性刺激物和致病因子的侵袭。其次,适度的心理应激是维持人正常功能活动的必要条件。

但是长期处于过度的心理应激状态会损害人的健康,这样的心理应激被称作"恶性应激"。首先,心理应激引起的心理和生理反应可以以症状和体征的形式见于临床,成为人们身体不适、虚弱和心理痛苦的根源和就医寻求帮助的原因;其次,心理应激可以加重已有的精神障碍和躯体疾病,或使这些疾病复发;最后,心理应激可以造成对疾病的易感状态,并且在其他因素(如身心素质因素、躯体性应激源)的共同影响下导致新的精神障碍和心理生理疾病。

# Q56.

## 素质和应激联合作用的方式有哪些？

　　心理学专家认为素质和应激联合作用可能采取下列几种方式：相加方式、反比方式、"特大"方式、静态或动态相互作用方式、素质有或无条件下的作用方式、准连续性素质条件下的作用方式、阈限方式以及危险性–弹性连续体条件下的作用方式。这些联合作用方式各自都有相关研究予以支持，这说明它们可能分别适用于不同的情况。

　　由于应激和素质均非具有单面属性的事物，因此它们相互作用的结果也不会是单一的：从适应和健康成长，到亚健康状态，再到严重程度不同的精神障碍和心理生理疾病。

　　如果个体借助于其健康素质和社会支持有效地消除了应激源和所带来的问题，并有效地管理了情绪和生理应激反应，他便可获得适应和健康成长。

　　如果应激源本身呈慢性或持续性，个体限于身体健康特质难以有效地予以生理调节，和(或)限于个人人格缺陷不能及时利用个人内在资源和环境资源予以恰当地应对，便可能进入慢性应激状态，出现许多身体和心理症状，即进入亚健康状态或疾病易感状态，有时候甚至可发生适应障碍。

# Q57.

## 应激反应对身体健康的不良影响有哪些?

如果个体突然遭遇不可预料、不可控制的严重的心理社会性应激源(如自然灾害或者突发性公共卫生事件),或者自认为遭遇极为严重的应激事件,便会进入急性应激状态。

应激反应的影响程度因人而异,但是其发生并不会因为个体素质不同而有明显差异。突发性的危机事件会引起许多人发生急性应激障碍,或随后发生创伤后应激障碍。

如果应激源比较严重,个体受限于身体素质不能有效地进行生理调节,和(或)限于人格缺陷不能利用自身和环境资源有效地应对,同时又拥有某种疾病易感素质,那么心理应激便可能通过激活处于潜伏状态的脆弱易感的神经生物学系统,引发病理生物学反应,使个体进入疾病状态,发生其他精神障碍。至于发生何种精神障碍,这主要取决于个体脆弱易感的神经生物学系统是什么。例如,多巴胺神经递质系统脆弱易感者便可能患上精神分裂症,去甲肾上腺素和5-HT系统脆弱易感者则可能患上抑郁症。

心理应激的慢性或反复激活脆弱易感的身体器官,也可造成身体器官发生形态学变化,从而造成心理生理疾病。例如,心血管系统脆弱易感者则可能发生冠心病或原发性高血压；消化系统脆弱易感者可能会发生消化性溃疡。这里还需要指出的是，心理生理疾病的发病除了心理应激和脆弱易感的器官这两个因素外，通常还有躯体性应激源的参与。

# Q58.

## 心理健康素质对于应激反应和应对行为的影响路径是什么?

应激反应、生理调节与防御、应对是心理社会性应激源和心理健康素质交互作用的第二个"节点"。在心理应激反应和应对行为中,心理健康素质起着重要的调节作用:良好的心理素质可以缓冲心理应激反应,促进应对行为;而不良的心理素质则可加剧心理社会性应激源的消极影响,妨碍有效的应对行为。

心理健康素质对于应激反应和应对行为的调节作用通常是通过认知评价的中介作用而实现的。这条心理素质影响心理应激反应和应对的路径是"心理素质→对心理社会性应激源的认知评价→心理应激反应和应对"。此外,依据情绪理论,对于心理社会性应激源的心理(情绪)和生理反应并不都是认知评价的产物,心理素质也可以直接作为心理社会性应激源与心理应激反应和应对行为间的联系中介,即不经由认知评价过程而产生应激反应和应对行为,其路径为"心理社会性应激源→心理健康素质→应激反应和应对"。

# Q59.

## 如何快速识别自杀高危人群？

影响自杀的因素多种多样，因此，识别的因素亦涉及多个方面。一个表格简单易行。

**自杀高危人群识别表格(应激—素质模型)**

| 姓名 | 应激因素 | 心理学因素 | | | | | | | | 社会文化因素 | | | 疾病因素 | | 生物学因素 | 其他因素 | |
| --- | --- | --- | --- | --- | --- | --- | --- | --- | --- | --- | --- | --- | --- | --- | --- | --- | --- |
| | | 心理特征 | | | | | | | | | | | | | | | |
| | | 认知特征 | | | | 情绪特点 | 行为特点 | | | | | | | | | | |
| | | 宿命论者 | 偏执极端 | 认知阴暗 | 缺乏洞察力 | 长期痛苦 | 神经质人格特征 | 冲动盲目 | 人际关系紧张 | 适应性差 | 亲子关系 | 压力因素 | 家庭贫困 | 精神疾病 | 躯体疾病 | 家族遗传 | 神经生物因素 | 对死亡的认知态度 | 媒体宣传等 |
| 学生1 | | | | | | | | | | | | | | | | | |
| 学生2 | | | | | | | | | | | | | | | | | |

附件

# 附件一　新型冠状病毒感染的肺炎疫情紧急心理危机干预指导原则

本指导原则应当在经过培训的精神卫生专业人员指导下进行实施。

## 一、组织领导

心理危机干预工作由各省、自治区、直辖市应对新型冠状病毒感染的肺炎疫情联防联控工作机制（领导小组、指挥部）统一领导，并提供必要的组织和经费保障。

由全国精神卫生、心理健康相关协会、学会发动具有灾后心理危机干预经验的专家，组建心理救援专家组提供技术指导，在卫生健康行政部门统一协调下，有序开展紧急心理危机干预和心理疏导工作。

## 二、基本原则

（一）将心理危机干预纳入疫情防控整体部署，以减轻疫情所致的心理伤害、促进社会稳定为前提，根据疫情防控工作的推进情况，及时调整心理危机干预工作重点。

（二）针对不同人群实施分类干预，严格保护受助者的个人隐私。实施帮助者和受助者均应当注意避免再次创伤。

### 三、制定干预方案

(一)目的。

1. 为受影响人群提供心理健康服务；

2. 为有需要的人群提供心理危机干预；

3. 积极预防、减缓和尽量控制疫情的心理社会影响；

4. 继续做好严重精神障碍管理治疗工作。

(二)工作内容。

1. 了解受疫情影响的各类人群的心理健康状况，根据所掌握的信息，及时识别高危人群，避免极端事件的发生，如自杀、冲动行为等。发现可能出现的群体心理危机苗头，及时向疫情联防联控工作机制(领导小组、指挥部)报告，并提供建议的解决方案。

2. 综合应用各类心理危机干预技术，并与宣传教育相结合，提供心理健康服务。

3. 培训和支持社会组织开展心理健康服务。

4. 做好居家严重精神障碍患者的管理、治疗和社区照护工作。

(三)确定目标人群和数量。新型冠状病毒感染的肺炎疫情影响人群分为四级。干预重点应当从第一级人群开始，逐步扩展。一般性宣传教育要覆盖到四级人群。

第一级人群：新型冠状病毒感染的肺炎确诊患者(住院治疗的重症及以上患者)、疫情防控一线医护人员、疾控人员和管理人员等。

第二级人群：居家隔离的轻症患者(密切接触者、疑似患者)，到医院就诊的发热患者。

第三级人群：与第一级、第二级人群有关的人，如家属、同事、朋友，参加疫情应对的后方救援者，如现场指挥、组织管理人员、志愿者等。

第四级人群：受疫情防控措施影响的疫区相关人群、易感人群、普通公众。

（四）目标人群评估、制定分类干预计划。评估目标人群的心理健康状况，及时识别区分高危人群、普通人群；对高危人群开展心理危机干预，对普通人群开展心理健康教育。

（五）制定工作时间表。根据目标人群范围、数量以及心理危机干预人员数，安排工作，制定工作时间表。

### 四、组建队伍

（一）心理救援医疗队。可单独组队或者与综合医疗队混合编队。人员以精神科医生为主，可有临床心理工作人员和精神科护士参加。有心理危机干预经验的人员优先入选。单独组队时，配队长1名，指派1名联络员，负责团队后勤保障和与各方面联系。

（二）心理援助热线队伍。以接受过心理热线培训的心理健康工作者和有突发公共事件心理危机干预经验的志愿者为主。在上岗之前，应当接受新型冠状病毒感染的肺炎疫情应对心理援助培训，并组织专家对热线人员提供督导。

### 五、工作方式

（一）由精神卫生、心理健康专家及时结合疫情发展和人群心理状况进行研判，为疫情联防联控工作机制（领导小组、指挥部）提供决策建议和咨询，为实施心理危机干预的工作人员提供专业培训与督导，为公众提供心理健康宣传教育。

（二）充分发挥"健康中国"、"12320"、省级健康平台、现有心理危机干预热线和多种线上通信手段的作用，统筹组织心理工作者轮值，提供7×24小时在线服务，及时为第三级、第四级人群提供实时心理支持，并对第一、二级人群提供补充的心理援助服务。

（三）广泛动员社会力量，根据受疫情影响的各类人群的需求和实际困难提供社会支持。

## 附
### 针对不同人群的心理危机干预要点

**一、确诊患者**

（一）隔离治疗初期。

心态：麻木、否认、愤怒、恐惧、焦虑、抑郁、失望、抱怨、失眠或攻击等。

干预措施：

1.理解患者出现的情绪反应属于正常的应激反应，做到事先有所准备，不被患者的攻击和悲伤行为所激怒而失去医生的立场，如与患者争吵或过度卷入等。

2.在理解患者的前提下，除药物治疗外应当给予心理危机干预，如及时评估自杀、自伤、攻击风险、正面心理支持、不与患者正面冲突等。必要时请精神科会诊。解释隔离治疗的重要性和必要性，鼓励患者树立积极恢复的信心。

3.强调隔离手段不仅是为了更好地观察治疗患者,同时是保护亲人和社会安全的方式。解释目前治疗的要点和干预的有效性。

原则:支持、安慰为主。宽容对待患者,稳定患者情绪,及早评估自杀、自伤、攻击风险。

(二)隔离治疗期。

心态:除上述可能出现的心态以外,还可能出现孤独、或因对疾病的恐惧而不配合、放弃治疗,或对治疗的过度乐观和期望值过高等。

干预措施:

1.根据患者能接受的程度,客观如实交代病情和外界疫情,使患者做到心中有数;

2.协助与外界亲人沟通,转达信息;

3.积极鼓励患者配合治疗的所有行为;

4.尽量使环境适宜患者的治疗;

5.必要时请精神科会诊。

原则:积极沟通信息、必要时精神科会诊。

(三)发生呼吸窘迫、极度不安、表达困难的患者。

心态:濒死感、恐慌、绝望等。

干预措施:镇定、安抚的同时,加强原发病的治疗,减轻症状。

原则:安抚、镇静,注意情感交流,增强治疗信心。

(四)居家隔离的轻症患者,到医院就诊的发热患者。

心态:恐慌、不安、孤独、无助、压抑、抑郁、悲观、愤怒、紧张,被他人疏远躲避的压力、委屈、羞耻感或不重视疾病等。

干预措施:

1. 协助服务对象了解真实可靠的信息与知识，取信科学和医学权威资料；

2. 鼓励积极配合治疗和隔离措施，健康饮食和作息，多进行读书、听音乐、利用现代通信手段沟通及其他日常活动；

3. 接纳隔离处境，了解自己的反应，寻找逆境中的积极意义；

4. 寻求应对压力的社会支持：利用现代通信手段联络亲朋好友、同事等，倾诉感受，保持与社会的沟通，获得支持鼓励；

5. 鼓励使用心理援助热线或在线心理干预等。

原则：健康宣教，鼓励配合、顺应变化。

## 二、疑似患者

心态：侥幸心理、躲避治疗、怕被歧视，或焦躁、过度求治、频繁转院等。

干预措施：

1. 政策宣教、密切观察、及早求治；

2. 为人为己采用必要的保护措施；

3. 服从大局安排，按照规定报告个人情况；

4. 使用减压行为、减少应激。

原则：及时宣教、正确防护、服从大局、减少压力。

## 三、医护及相关人员

心态：过度疲劳和紧张，甚至耗竭，焦虑不安、失眠、抑郁、悲伤、委屈、无助、压抑、面对患者死亡挫败或自责。担心被感染、担心家人、害怕家人担心自己。过度亢奋，拒绝合理的休息，不能很好地保证自己的健康等。

干预措施：

1.参与救援前进行心理危机干预培训，了解应激反应，学习应对应激、调控情绪的方法。进行预防性晤谈，公开讨论内心感受；支持和安慰；资源动员；帮助当事人在心理上对应激有所准备。

2.消除一线医务工作者的后顾之忧，安排专人进行后勤保障，隔离区工作人员尽量每月轮换一次。

3.合理排班，安排适宜的放松和休息，保证充分的睡眠和饮食。尽量安排定点医院一线人员在医院附近住宿。

4.在可能的情况下尽量保持与家人和外界联络、交流。

5.如出现失眠、情绪低落、焦虑时，可寻求专业的心理危机干预或心理健康服务，可拨打心理援助热线或进行线上心理服务，有条件的地区可进行面对面心理危机干预。持续2周不缓解且影响工作者，需由精神科进行评估诊治。

6.如已发生应激症状，应当及时调整工作岗位，寻求专业人员帮助。

原则：定时轮岗，自我调节，有问题寻求帮助。

**四、与患者密切接触者(家属、同事、朋友等)**

心态：躲避、不安、等待期的焦虑；或盲目勇敢、拒绝防护和居家观察等。

干预措施：

1.政策宣教、鼓励面对现实、配合居家观察；

2.正确的信息传播和交流，释放紧张情绪。

原则：宣教、安慰、鼓励借助网络交流。

**五、不愿公开就医的人群**

心态：怕被误诊和隔离、缺乏认识、回避、忽视、焦躁等。

干预措施：

1.知识宣教，消除恐惧；

2.及早就诊，利于他人；

3.抛除耻感，科学防护；

原则：解释劝导，不批评，支持就医行为。

## 六、易感人群及大众

心态：恐慌、不敢出门、盲目消毒、失望、恐惧、易怒、攻击行为和过于乐观、放弃等。

干预措施：

1.正确提供信息及有关进一步服务的信息；

2.交流、适应性行为的指导；

3.不歧视患病、疑病人群；

4.提醒注意不健康的应对方式(如饮酒、吸烟等)；

5.自我识别症状。

原则：健康宣教，指导积极应对，消除恐惧，科学防范。

# 附件二　湖北高校大学生心理危机干预及自杀预防实施方案（试行）

鄂教思政〔2012〕13号

加强大学生心理健康教育是新形势下全面贯彻党的教育方针、推进素质教育的重要举措，是促进大学生健康成长、培养高素质合格人才的重要环节，是加强和改进大学生思想教育的重要任务。为贯彻落实《中共中央国务院关于进一步加强和改进大学生思想政治教育工作的意见》和《教育部、卫生部、共青团中央关于进一步加强和改进高校大学生心理健康教育的意见》精神，进一步加强和改进我省大学生心理健康教育工作，推进大学生心理危机干预及自杀预防工作，特制定本实施方案。

## 一、指导思想和工作目标

1. 以邓小平理论和"三个代表"重要思想为指导，全面贯彻科学发展观和党的教育方针，以全面推进素质教育为目标，以提高大学生的心理素质为重点，立足教育，重在预防，促进大学生全面发展和健康成长。

2. 坚持辩证唯物主义和历史唯物主义，坚持科学性原则，防止唯心主义、封建迷信和伪科学的干扰，确保大学生心理健康教育工作的正确方向。

3. 坚持面向全体学生，坚持正面教育引导，根据学生身心发展特点和教育规律，提高大学生适应社会生活的能力，培养大学生良好的个性心理品质和自尊、自爱、自律、自强的优良品格，增强大学生克服困难、经受考验、承受挫折的能力，促进大学生心理素质与思想道德素质、科学文化素质和身体素质的协调发展，增强高等学校思想政治教育工作的针对性、实效性、感染力和吸引力。

4.坚持关爱学生、服务学生，帮助学生健康成长。工作中既要谨慎应对又要准确判断、及时干预，避免因处理不当而激发或加重学生的心理问题。

5.构建大学生心理危机干预及自杀预防工作体系，更好地帮助有严重心理问题的学生渡过心理难关，及早预防、及时疏导、有效干预、快速控制学生中可能出现的心理危机事件，降低学生心理危机事件的发生率，减少学生因心理危机带来的生命损失，促进学生健康成长。

6.各高校要根据本方案，结合学校实际情况，制定相应的实施细则和工作流程，切实做到领导责任落实、工作场地落实、经费投入落实，努力把大学生心理健康教育工作提高到一个新水平，力争尽快取得明显成效。

## 二、保障体系

7.组织机构。

（1）各高校要把心理健康教育工作纳入重要议事日程，要成立"大学生心理健康教育工作领导小组"，由主管学生工作的校领导担任组长，成员由学工部（研工部）、宣传部、教务处、保卫处、校团委、校医院、后勤集团、各院系等部门主要领导及心理咨询中心负责同志组成。"领导小组"负责指导和协调全校心理健康教育的教学、科研、辅导和咨询以及建立"学生心理危机干预及自杀预防快速反应机制"，及时解决工作中的困难和问题。

（2）各高校要进一步建立、健全心理健康教育与心理咨询的专门机构，明确该机构的职责范围及工作任务。心理健康教育与咨询中心原则上挂靠学生工作部（处）。暂未建立专门机构的高校，要通过聘请外校专家、精神专科医生等相关专家组成本校的"学生心理危机评估专家组"，负责对学生进行心理危机评估并提出相应的干预措施，2006年5月前必须建立心理健康教育与心理咨询的专门机构。

8.队伍建设。

（1）各高校要建设一支以专职教师为骨干，专兼结合、专业互补、相对稳定、素质较高的心理健康教育与心理咨询工作队伍。

（2）专职从事心理健康教育工作的人员与学生的比例要按照1：3000～1：4000配备，编制可从学校总编制或专职学生思想政治工作编制中统筹解决。

（3）专职从事心理健康教育工作的人员应纳入学生思想政治教育队伍序列，评聘相应的教师职务。设有教育学、心理学、生理学、医学等教学机构的学校，也可纳入相应专业序列。专、兼职教师以及心理辅导与咨询人员从事心理健康教育工作，要按学校有关规定计算教学工作量或给予合理报酬。

（4）大学生心理健康教育是一项专业性强、要求高的工作，各高校专、兼职从事心理健康教育与咨询工作的教师必须经过系统培训，能恪守职业道德，不断提高专业水平。学校要将专、兼职教师的培训工作列入学校师资培训计划，通过培训不断提高他们从事心理健康教育与咨询工作所必备的理论水平、专业知识和技能。

（5）各高校要定期组织从事学生思想政治工作的干部、教师、学生辅导员、班主任、宿舍楼管理员及学生干部等进行心理健康方面内容的业务培训，不断提高他们对心理问题的鉴别能力、心理危机干预能力及心理健康知识素养。

（6）高校所有教职员工都负有教育引导大学生健康成长的责任。所有教师都要关爱学生，不仅要指导学生的学业，更要加强世界观、人生观、价值观和心理健康等方面的教育和引导。

9.物质保障。各高校要积极创造条件，为大学生心理健康教育与咨询工作的开展提供办公室、心理咨询室、团体辅导室和开展心理健康教育活动等必备的工作场地及工作设施，并按照心理咨询的专业要求科学地布置心理咨询场地。

10.经费投入。为确保大学生心理健康教育工作的正常运转，各高校要保障经费投入，按照每年生均不少于10元的标准作为专项经费，专款专用。

### 三、预防教育

11.各高校要大力开展心理健康宣传教育，积极创造条件开设心理健康教育方面的必修或选修课程，通过课堂教学、教育活动、专家讲座、网络、学生社团等形式宣传普及心理健康知识，介绍增进心理健康的方法和途径，解析心理现象，传授心理调适方法，形成良好的心理健康氛围，帮助学生优化个性心理品质，提高心理健康水平。

12.各高校应面向学生进行生命教育,引导学生热爱生活,热爱生命,善待人生;进行自我意识教育,引导学生正确认识自我,悦纳自我,积极发展自我,树立自信,消除自卑;进行危机应对教育,让学生了解什么是危机,什么情况下会出现危机,哪些言行是自杀的前兆,对出现自杀预兆的同学如何进行帮助和干预等。

### 四、预警对象

13.存在心理危机倾向与处于心理危机状态的学生是我们关注与干预的对象。确定对象存在心理危机一般指对象存在具有重大影响的生活事件,情绪剧烈波动或认知、躯体以及行为方面有较大改变,且用平常解决问题的方法暂时不能应对或无法应对眼前的危机。

对存在下列因素之一的学生,应作为心理危机干预的高危个体予以特别关注:

(1)在心理健康测评中筛查出来的有心理障碍或心理疾病或自杀倾向的学生;

(2)遭遇突然打击和受到意外刺激后出现心理或行为异常的学生:家庭发生重大变故、身体发现严重疾病、遭遇性危机、感情受挫、受辱、受惊吓、与他人发生严重人际冲突后出现心理或行为异常的学生;

(3)学习压力、就业压力特别大以及严重环境适应不良出现心理或行为异常的学生;

(4)因严重网络成瘾行为而影响其学习及社会功能的学生;

(5)性格内向、经济严重贫困且出现心理或行为异常的学生;

（6）有严重心理疾病（抑郁症、恐怖症、强迫症、癔症、焦虑症、精神分裂症、情感性精神病等）且出现心理或行为异常的学生；

（7）对近期发出下列警示讯号的学生，应作为心理危机干预的重点对象及时进行危机评估与干预：

①谈论过自杀并考虑过自杀方法，包括在信件、日记、图画或乱涂乱画的只言片语中流露死亡的念头者；

②不明原因突然给同学、朋友或家人送礼物、请客、赔礼道歉、无端致以祝福、述说告别的话等行为明显改变者；

③情绪突然明显异常者，如特别烦躁，高度焦虑、恐惧，易感情冲动，或情绪异常低落，或情绪突然从低落变为平静，或饮食睡眠受到严重影响等。

## 五、预警机制

14. 为确保大学生心理危机干预及自杀预防工作快捷有序地开展，各高校要在"大学生心理健康教育工作领导小组"领导下建立"学生心理危机干预及自杀预防快速反应机制"，及时处理学生心理危机事件。

15. 建立班级、院系、学校三级预警系统。

（1）一级预警：班级。

充分发挥班级学生干部、学生党团员的骨干作用，关心同学，广泛联系同学，通过多种方式，加强思想和感情上的联系与沟通，了解思想动态和心态，一旦发生异常情况，及时向辅导员、班主任报告。提倡设立班级心理委员或信息员。

（2）二级预警：院系。

院系党政领导、教师要关爱学生，密切关注学生异常心理、行为，学生政工干部、班主任要有针对性地与学生谈话，帮助学生解决心理困惑，对重要情况，要立即向有关领导、有关部门报告，并在专家指导下及时对学生进行快捷、有序的干预。

（3）三级预警：学校。

①学校应认真开展大学生心理健康测评，建立大学生心理健康档案，筛查出需要主动干预的对象并采取相应措施。

②学校心理咨询人员要牢牢树立心理危机干预及自杀预防意识，在心理辅导或咨询过程中，如发现处于危机状态需要立即干预的学生，要及时采取相应的干预措施。

## 六、干预措施

16. 对有严重心理障碍或心理疾病学生的干预措施。

（1）对有严重心理障碍或心理疾病的学生，学校须请专业精神卫生机构或专家对学生的心理健康状况进行评估或会诊，并提供书面意见。

（2）如评估某学生可以在学校边学习边治疗，学校须密切注意该生情况，开展跟踪咨询，及时提供心理辅导，必要时进行专家会诊、复诊。

（3）如评估某生回家休养并配合药物治疗有利于其心理康复，学校须派专人监护，确保其人身安全后，通知学生家长将其带回家休养治疗。

（4）如评估某生住院治疗有利于其心理康复，学校须及时通知该生家长将其送至专业精神卫生机构治疗。

17. 对有自杀意念学生的干预措施。

发现或知晓某生有自杀意念，即该生近期有实施自杀的想法和念头，要密切关注，视其严重程度采取以下措施：

（1）立即将该生转移到安全环境，并成立监护小组对该生实行24小时全程监护，确保该生人身安全，同时通知该生家长到校。

（2）由有关部门或专家对该生的心理状况进行评估或会诊，并提供书面意见。

（3）如评估该生住院治疗有利于其心理康复，学校应立即通知家长将该生送至专业精神卫生机构治疗。

（4）如评估该生回家休养治疗有利于其心理康复，学校应立即通知家长将该生带回家休养治疗。

18. 对实施自杀行为学生的干预措施。

（1）对正在实施自杀行为的学生，一旦发现便立即启动"学生心理危机干预及自杀预防快速反应机制"，各有关部门立即派人赶赴现场协调配合处理危机。

（2）对刚实施自杀行为的学生，要立即送到最近的医疗机构实施紧急救治。

（3）及时保护、勘察、处理现场，防止事态扩散和对其他学生的不良刺激，并配合、协调有关部门对事件调查取证。

（4）对自杀未遂的学生，经相关部门或专家评估，如住院治疗有利于其心理康复，通知家长将该生送至专业精神卫生机构治疗；如回家休养治疗有利于其心理康复，在其病情稳定后由家长将其带回家休养治疗。

（5）正确应对新闻媒体，防止不恰当报道引发负面影响。

19. 对有伤害他人意念或行为学生的干预措施。

（1）对有伤害他人意念或行为的学生，由相关部门立即采取相应措施，保护双方当事人安全。

（2）组织相关部门或专家对该生精神状态进行心理评估或会诊并提供书面意见。学校根据评估意见进行后续处理。

20. 愈后鉴定及跟踪干预制度。

（1）学生因心理问题住院治疗或休学申请复学时，应向学校提供相关治疗的病历证明，经学校心理健康咨询中心、校医院等相关部门或专业精神卫生机构评估确已康复后可办理复学手续。

（2）学生因心理问题住院治疗或休学复学后，学校相关人员应对其定期进行心理访谈，了解其思想、学习、生活等方面的情况。

（3）对于有自杀未遂史的复学学生(有自杀未遂史的人属于自杀高危人群)，学校应组织专家进行定期心理访谈及风险评估，密切监护，及时了解其学习、生活和思想状况，确保该生人身安全。

21. 对危机知情人员的干预。

危机过后，需要对知情人员进行干预。可以使用支持性干预及团体辅导策略，通过班级辅导等方法，协助经历危机的大学生及其相关人员，如同学、家长、班主任以及危机干预人员正确处理危机遗留的心理问题，尽快恢复心理平衡，尽量减少由于危机造成的负面影响。

22. 危机干预及自杀预防的注意事项。

（1）学校在开展心理危机干预及自杀预防工作时，应坚持保密原则，维护学生权益，不得随意透露学生的相关信息，并尽可能在自然的环境中实施干预，避免人为地制造特殊的环境给被干预学生造成过重的心理负担，激发或加重其心理问题。

（2）对社会功能严重受损和自制力不完全的学生，学校不得在学生宿舍里实行监护，避免监护不当造成危害，以确保该生及其他人员的安全。

（3）学校与家长联系过程中，应注意方式方法，做好记载，妥善保存。

（4）如果发生的心理危机或自杀涉及他校，各高校要相互协作、支持，实行联动。

（5）干预措施中涉及学生需要休学接受治疗的，按照《普通高等学校学生管理规定》办理。

### 七、督导评估及理论研究

23. 为了使各高校的大学生心理危机干预及自杀预防工作落到实处，省教育厅将组织有关方面的专家学者及实际工作者，从加强领导，机构设置，师资队伍建设，教学、科研、开展辅导和咨询及工作的实效等方面，对各高校开展工作的情况进行督导，切实推进大学生心理健康教育工作健康发展。

24. 大力加强大学生心理健康教育科学研究工作。省教育厅每年下达一批心理健康教育专项研究课题，在全省社科研究立项中占到一定比例。整合心理健康教育资源，充分发挥华中师范大学"湖北省青少年心理健康教育中心"在大学生心理危机干预及自杀预防工作中的作用，面向全省提供师资培训、业务指导和业务支持；充分发挥"湖北省心理健康教育与咨询研究会"在科学研究和学术交流方面的作用，加强高校之间、高校与精神卫生专业机构的干预系统的联动与合作。各高校要结合本校实际情况列出研究课题，把理论研究、培养心理骨干人员和推动实际工作紧密结合起来。

## 附件三　某大学学生心理危机干预实施办法

### 第一章　总则

第一条　为贯彻落实《中共中央国务院关于进一步加强和改进大学生思想政治教育工作的意见》《教育部、卫生部、共青团中央关于进一步加强和改进高校大学生心理健康教育的意见》和《湖北高校大学生心理危机干预及自杀预防实施方案(试行)》文件精神,大力加强我校大学生心理健康教育工作,更好地帮助有严重心理问题的学生渡过心理难关,及早预防、及时疏导、有效干预、快速控制学生中可能出现的心理危机事件,降低学生心理危机事件的发生率,减少学生因心理危机带来的生命损失,促进学生健康成长,特制订本办法。

第二条　心理危机干预是指采取紧急应对的方法帮助危机者从心理上解除迫在眉睫的危机,使其症状得到立刻缓解和持久消失,心理功能恢复到危机前的水平,并获得新的应对技能,以预防将来心理危机的发生。

### 第二章　组织机构

第三条　学校成立"学生心理危机干预工作领导小组"。领导小组由学校主管学生工作的校领导任组长,成员由学工部(处)、研究生处(部)、宣传部、教务处、保卫处、校团委、校医院、后勤集团、各院系等部门主要领导及大学生心理健康教育中心负责同志组成，办公室设在大学生心理健康教育中心。学生心理危机干预工作领导小组的职责：全面规划和领导我校学生心理危机干预工作，督促有关部门或单位认真履行危机干预工作的职责，为重大危机事件的处理作出决策。

第四条　大学生心理健康教育中心成立学生心理危机鉴定与干预专家组（以下简称"专家组"），负责对学生心理危机进行评估，制订危机事件处理方案，实施危机风险化解。

第五条　各院系的学生心理危机干预工作由各院系主管学生工作的领导负责，全体教职员工均有责任和义务。各院系全体学生政工干部尤其是心理辅导员应积极协助各院系学生工作负责人抓好各院系学生心理危机干预工作。

## 第三章　预防教育

第六条　做好学生心理危机干预工作应立足教育，重在预防。大学生心理健康教育中心应对学生进行心理健康宣传教育和生命教育，引导学生热爱生活，热爱生命，善待人生；应对学生进行自我意识教育，引导学生正确认识自我，愉快接纳自我，积极发展自我，树立自信，消除自卑；应对学生进行危机应对教育，让学生了解什么是危机，人们什么情况下会出现危机，哪些言行是自杀的前兆，对出现自杀预兆的人如何进行帮助和干预。

第七条　各院系应在学生中大力普及心理健康知识，引导学生树立现代健康观念，应针对学生中广泛存在的环境适应问题、情绪管理问题、人际交往问题、恋爱与性的问题、学习方法问题等开展教育；应积极组建、大力扶持学生心理健康社团，通过学生心理健康社团，组织形式多样的心理健康教育活动，在各院系形成良好的心理健康氛围；应通过主办主题鲜明的特色班会，帮助学生优化个性心理品质，增强心理调适能力，提高心理健康水平。

## 第四章　预警对象

第八条　存在心理危机倾向与处于心理危机状态的学生是我们关注与干预的对象。确定对象存在心理危机一般是指对象存在具有重大影响的生活事件，情绪剧烈波动或认知、躯体以及行为方面有较大改变，且用平常解决问题的方法暂时不能应对或无法应对眼前的危机。

对存在下列因素之一的学生，应将其作为心理危机干预的高危个体予以特别关注：

1. 在心理健康测评中筛查出来的有心理障碍或心理疾病或自杀倾向的学生；

2. 突然受到打击和受到意外刺激后出现心理或行为异常的学生：家庭发生重大变故、身体发现严重疾病、遭遇性危机、感情受挫、受辱、受惊吓、与他人发生严重人际关系冲突后出现心理或行为异常的学生；

3. 学习、环境等方面严重适应不良以及因就业压力特别大出现心理或行为异常的学生；

4. 因严重网络成瘾行为而影响其学习及社会功能的学生；

5. 性格内向、经济严重贫困且出现心理或行为异常的学生；

6. 有严重心理疾病（抑郁症、恐怖症、强迫症、癔症、焦虑症、精神分裂症、情感性精神病等)且出现心理或行为异常的学生；

7. 对近期发出下列警示讯号的学生，应作为心理危机干预的重点对象及时进行危机评估与干预：

(1)谈论过自杀并考虑过自杀方法，包括在信件、日记、图画或乱涂乱画的只言片语中流露死亡的念头者；

(2)不明原因突然给同学、朋友或家人送礼物、请客、赔礼道歉、无端致以祝福、述说告别的话等行为明显改变者；

(3)情绪突然明显异常者，如特别烦躁，高度焦虑、恐惧，易感情冲动，或情绪异常低落，或情绪突然从低落变为平静，或饮食睡眠受到严重影响等。

### 第五章　预警机制

第九条　建立班级—院系—学校三级预警系统。

1. 一级预警：班级。

设立班级心理委员会或信息员，充分发挥班级学生干部、学生党团员的骨干作用，主动关心同学，广泛联系同学，通过多种方式，加强思想和感情上的联系与沟通，了解思想动态和心态，一旦发生异常情况，及时向辅导员、班主任报告。

2. 二级预警：院系。

院系党政领导、教师要关爱学生，密切关注学生异常心理、行为。学生政工干部、班主任要有针对性地与学生谈话，帮助学生解决心理困惑，对重要情况，要立即向有关领导、有关部门报告，并在专家指导下及时对学生进行快捷、有序的干预。

3. 三级预警：学校。

（1）学校应认真开展大学生心理健康测评，建立大学生心理健康档案，筛查出需要主动干预的对象并采取相应措施。

（2）学校心理咨询人员要牢牢树立心理危机干预及自杀预防意识，在心理辅导或咨询过程中，如发现有危机状态需要立即干预的学生，要及时采取相应的干预措施。

### 第六章　干预措施

第十条　对有严重心理障碍或心理疾病学生的干预措施。

1. 对有严重心理障碍或心理疾病的学生，学校须请专业精神卫生机构或专家对学生的心理健康状况进行评估或会诊，并提供书面意见。

2. 如评估某学生可以在学校边学习边治疗，学校须密切注意该生情况，开展跟踪咨询，及时提供心理辅导，必要时进行专家会诊、复诊。

3. 如评估某生回家休养并配合药物治疗有利于心理康复，学校须派专人监护，确保其人身安全后，通知学生家长将其带回家休养治疗。

4. 如评估某生住院治疗有利于其心理康复，学校须及时通知该生家长将其送至专业精神卫生机构治疗。

第十一条　对有自杀意念学生的干预措施。

发现或知晓某生有自杀意念，即该生近期有实施自杀的想法和念头，要密切关注，视其严重程度采取以下措施：

1. 立即将该生转移到安全环境，并成立监护小组对该生实行24小时全程监护，确保该生人身安全，同时通知该生家长到校。

2.由有关部门或专家对该生的心理状况进行评估或会诊，并提供书面意见。

3.如评估该生住院有利于其心理康复，学校应立即通知家长将该生送至专业精神卫生机构治疗。

4.如评估该生回家休养治疗有利于其心理康复，学校应立即通知家长将该生带回家休养治疗。

第十二条    对实施自杀行为学生的干预措施。

1.对正在实施自杀行为的学生，一旦发现便立即启动"学生心理危机干预及自杀预防快速反应机制"，各有关部门立即派人赶赴现场协调配合处理危机。

2.对刚实施自杀行为的学生，要立即送到最近的医疗机构实施紧急救治。

3.及时保护、勘察、处理现场，防止事态扩散和对其他学生的不良刺激，并配合、协调有关部门对事件调查取证。

4.对自杀未遂的学生，经相关部门或专家评估，如住院治疗有利于预期心理康复，通知家长将该生送至专业精神机构治疗；如回家休养治疗有利于其心理康复，在其病情稳定后由家长将其带回家休养治疗。

5.正确应对新闻媒体，防止不恰当报道引发负面影响。

第十三条    对有伤害他人意念或行为学生的干预措施。

1.对有伤害他人意念或行为的学生，由相关部门立即采取相应措施，保护双方当事人安全。

2.组织相关部门或专家对该生精神状态进行心理评估或会诊并提供书面意见。学校根据评估意见进行后续处理。

第十四条　对危机知情人员的干预。

危机过后，需要对知情人员进行干预。可以使用支持性干预及团体辅导策略，通过班级辅导等方法，协助经历危机的大学生及其相关人员，如同学、家长、班主任以及危机干预人员正确处理危机遗留的心理问题，尽快恢复心理平衡，尽量减少由于危机造成的负面影响。

## 第七章　后期跟踪

第十五条　因心理危机而休学的学生申请复学时，除按学校学生学籍管理办法办理外，还应向所在院系出具学校认可的心理疾病康复证明。

第十六条　学生复学后，各院系应对其学习生活进行妥善安排，帮助该生建立良好的支持系统，引导同学避免与其发生激烈冲突。应安排班级心理委员对其密切关注，了解其心理变化情况。各院系辅导员、心理辅导员每月至少与其谈心一次，并通过周围其他同学随时了解其心理状况，同时及时向大学生心理健康教育中心报告该生的心理状况。

第十七条　大学生心理健康教育中心要根据各院系提供的情况，组织专家定期以预约咨询或随访咨询的形式，对这些学生的心理健康情况进行鉴定，并将鉴定结果及时反馈给学生所在的各院系。

第十八条　对于因有强烈的自杀意念或自杀未遂休学而复学的学生，各院系还应对他们给予特别的关心，应安排班级心理委员、学生骨干、该生室友对其密切监护，制订可能发生危机的防备预案,随时防止该生心理状况的恶化。大学生心理健康教育中心应对他们保持密切的关注,组织专家对其进行定期跟踪咨询及风险评估。

### 第八章　工作制度

第十九条　做好学生心理危机干预工作是一个系统工程,是一项长期任务,为切实做好这项工作,应建立以下几项制度:

1.培训制度。大学生心理健康教育中心应对心理咨询的老师、全体学生政工干部、学生骨干、班级心理委员实行定期培训。

2.备案制度。学生自杀事故发生后(含已遂和未遂),学生所在院系在事故处理后应将该生的详细材料(包括遗书、日记、信件复印件)提供给大学生心理健康教育中心备案。学生因心理问题需退学、休学、转学、复学的,各院系亦应将其详细材料报大学生心理健康教育中心备案。

3.鉴定制度。学生因心理问题需退学、休学、转学、复学的,其病情应经大学生心理健康教育中心专家组鉴定,或到由大学生心理健康教育中心指定的专业医院进行鉴定。

4.保密制度。参与危机干预工作的人员应对工作中所涉及干预对象的各种信息严格保密。

### 第九章　责任追究

第二十条　全校各部门尤其是参与危机干预工作的各部门及其工作人员,应服从指挥,统一行动,认真履行自己的职责。对因自己的失职造成学生生命损失的,要对单位或个人实行责任追究。

具体说来，在下列情况下，要追究单位或个人责任：

1.危机事件处理过程中需要某些单位协助而单位负责人不服从协调部门指挥的；

2.参与危机干预事故处理的单位，在接到学生心理危机事故报案后，拖延时间不能及时赶到现场，或在现场不配合、不服从统一指挥而延误时机的；

3.各院系对学生心理危机不闻不问，或知情不报，或不及时上报，或执行学校危机干预方案不力的。

## 第十章　附则

第二十一条　各院系应针对本院系学生的实际情况，本着教育为主、及时干预、跟踪服务的原则，制订好本院学生心理危机干预工作的具体措施，畅通学生心理危机的早期预警通道，经常性地对本院系有心理问题的学生进行逐一分析。应对失恋学生、学习困难学生、经济困难学生、适应困难学生、就业困难学生、突然遭受重大打击的学生给予特别关注，随时掌握心理危机高危学生的心理变化。

第二十二条　各院系在开展危机干预与危机事故处理过程中，应做好资料收集与证据保留工作，包括与相关方面打交道的重要的电话录音、谈话录音、记录、书信、照片等。

第二十三条　本办法由学生工作部(处)负责解释。

第二十四条　本办法自发布之日起开始实施。

# 参考文献

[1] 车文博. 心理咨询大百科全书[M]. 杭州：浙江科学技术出版社, 2001.

[2] 陈秋燕. 建立学校心理危机预防与干预反应机制[J]. 中国高等教育, 2005(23)：44-45.

[3] 何伋, 陆英智, 成义仁, 等. 神经精神病学词典[M]. 北京：中国中医药出版社, 1998.

[4] 龙迪. 心理危机的概念、类别、演变和结局[J]. 青年研究, 1998(12)：42-45.

[5] 王敬群, 邵秀巧. 卫生心理学[M]. 天津：南开大学出版社, 2005.

[6] 杨志寅. 诊断学大辞典[M]. 北京：华夏出版社, 2004.

[7] 曾庆娣. 大学生心理危机干预研究综述[J]. 思想理论教育, 2006(23)：52-55.

[8] 章成斌. 大学生心理危机干预的实践和探索[J]. 高等工程教育研究, 2004(4)：55-56, 61.

**图书在版编目(CIP)数据**

心理危机的识别与干预 / 唐海波,唐睿奇编著. —
长沙:中南大学出版社,2021.6(2021.12 重印)

(唐博士讲心理)

ISBN 978-7-5487-4428-3

Ⅰ.①心… Ⅱ.①唐… ②唐… Ⅲ.①心理干预—研
究 Ⅳ.①R493

中国版本图书馆 CIP 数据核字(2021)第 081682 号

# 心理危机的识别与干预
**XINLI WEIJI DE SHIBIE YU GANYU**

唐海波  唐睿奇  编著

| | | | | |
|---|---|---|---|---|
| □责任编辑 | 谢金伶 | | | |
| □责任印制 | 易红卫 | | | |
| □出版发行 | 中南大学出版社 | | | |
| | 社址:长沙市麓山南路 | | 邮编:410083 | |
| | 发行科电话:0731-88876770 | | 传真:0731-88710482 | |
| □印　　装 | 长沙雅鑫印务有限公司 | | | |

| | | | | |
|---|---|---|---|---|
| □开　　本 | 710 mm×1000 mm 1/16 | □印张 9.75 | □字数 109 千字 |
| □版　　次 | 2021 年 6 月第 1 版 | □印次 2021 年 12 月第 2 次印刷 |
| □书　　号 | ISBN 978-7-5487-4428-3 | | |
| □定　　价 | 40.00 元 | | |